ERSTE AUSGABE - Veröffentlicht 2022

Extra Grafikmaterial von: www.freepik.com
Dank an: Alekksall, Starline, Pch.vector, Rawpixel.com, Vectorpocket, Dgim-studio, Upklyak, Macrovector, Stockgiu, Pikisuperstar & Freepik.com Designers

Kostenlose Online-Spiele Entdecken

Hier Erhältlich:

BestActivityBooks.com/FREEGAMES

5 TIPPS FÜR DEN ANFANG!

1) LÖSUNG DER RÄTSEL

Die Puzzles haben ein klassisches Format :

- Die Wörter sind ohne Abstand, Bindetrich usw… versteckt
- Richtung : vor-& rückwärts, auf & ab oder in der Diagonale (beider Richtungen)
- Die Wörter können übereinanderliegen oder sich kreuzen

2) AKTIVES LERNEN

Neben jedem Wort ist ein Abstand vorgesehen zum Aufschreiben der Übersetzung. Um ihre Kenntnisse zu überprüfen und zu erweitern befindet sich am Ende des Buches ein **WÖRTERBUCH**. Suchen sie die Übersetzungen, schreiben sie sie auf, dann können sie sie in den. Puzzles suchen und ihrem Wortschatz hinzufügen.

3) ANZEICHNUNG DER WÖRTER

Haben sie schon einmal versucht eine Anzeichnung zu verwenden? Sie könnten zum Beispiel die Wörter, die schwer zu finden sind, ankreuzen, die Wörter, die sie lieben, mit einem Stern, neue Wörter mit einem Dreieck, seltene Wörter mit einem Diamant usw … anzeichnen

4) IHR LERNEN ORGANISIEREN

Am Ende dieser Ausgabe bieten wir auch ein praktisches **NOTIZBUCH** an. Ob im Urlaub, auf Reisen oder zu Hause, sie können ihr neues Wissen ganz einfach organisieren, ohne ein zweites Notizbuch zu benötigen!

5) SIND SIE AM SCHLUSS ?

Gehen sie zum Bonusbereich : **MONSTER-HERAUSFÖRDERUNG,** um ein kostenloses Spiel zu finden, das am Ende dieser Ausgabe angeboten wird !

Lust auf mehr Spaß und **Lernaktivitäten? Schnell und einfach :** eine ganze Spielbuchsammlung mit einem einzigen Klick erhaltbar :

Mit diesem Link finden sie ihre nächste Herausforderung :

BestActivityBooks.com/MeineNachsteWortsuche

Achtung, fertig, ... Los !!

Wussten sie, dass es auf der Welt ungefähr 7.000 verschiedene Sprachen gibt ? Wörter sind kostbar.

Wie lieben Sprachen und haben schwer daran gearbeitet, die Bücher von höchster Qualität für sie zu entwerfen. Unsere Zutaten ?

Eine Auswahl von angepassten Lernthemen, drei große Scheiben Spaß, dann fügen wir einen Löffel schwieriger Wörter und eine Prise seltener Wörter hinzu. Wir servieren sie mit Sorgfalt und ein Maximum an Freude, damit sie die besten Wortspiele lösen und Spaß am Lernen haben.

Ihre Meinung ist wichtig. Sie können aktiv zum Erfolg dieses Buches beitragen, indem sie uns eine Bemerkung hinterlassen. Sagen sie uns, was ihnen an dieser Ausgabe am besten gefallen hat !!

Hier ist ein kurzer Link, der sie zu ihrer Bewertungsseite führt

BestBooksActivity.com/Rezension50

Vielen Dank für ihre Hilfe und viel Spaß

Linguas Classics

1 - Gesundheit und Wellness #2

```
Γ Ψ Ν Δ Σ Υ Ψ Υ Ν Ί Α Ο Λ Ν Ψ Ο
Α Δ Ί Μ Ρ Ε Θ Χ Γ Α Π Ί Ε Σ Η Χ
Α Θ Ω Χ Μ Ι Ξ Α Α Ι Ε Γ Ρ Έ Ν Ε
Μ Λ Λ Ρ Ξ Π Σ Έ Ρ Δ Ε Α Β Ν Π Ο
Ί Π Λ Η Ξ Ε Ρ Ό Ρ Ξ Ι Ι Υ Ο Μ Σ
Α Α Σ Ε Τ Ή Τ Β Ώ Ρ Α Ο Ν Υ Ό Υ
Π Τ Λ Μ Ρ Ι Ζ Ά Σ Α Μ Ν Ψ Ή Λ Η
Λ Ψ Τ Υ Ι Γ Κ Ξ Τ Τ Ά Υ Π Κ Υ Β
Ο Χ Ω Δ Ν Υ Ί Ή Ι Ή Μ Δ Β Ι Ν Δ
Σ Τ Ψ Μ Δ Υ Β Α Α Φ Ι Ν Ι Τ Σ Σ
Ν Ο Σ Ο Κ Ο Μ Ε Ί Ο Ο Ί Τ Ε Η Α
Π Ρ Ι Σ Δ Ξ Ξ Ί Μ Ρ Κ Κ Α Ν Μ Β
Χ Ν Ο Ο Λ Ν Ψ Ε Ε Τ Β Β Μ Ε Δ Π
Ζ Υ Γ Ί Ζ Ω Ψ Τ Δ Α Σ Ω Ί Γ Ψ Ν
Α Ν Α Τ Ο Μ Ί Α Μ Ι Β Ρ Ν Ν Η Χ
Δ Π Ο Χ Ξ Ο Ί Λ Π Δ Ψ Ο Η Α Γ Ο
```

ΑΛΛΕΡΓΊΑ	ΜΌΛΥΝΣΗ
ΑΝΑΤΟΜΊΑ	ΘΕΡΜΊΔΑ
ΌΡΕΞΗ	ΝΟΣΟΚΟΜΕΊΟ
ΑΊΜΑ	ΑΡΡΏΣΤΙΑ
ΔΙΑΤΡΟΦΉ	ΜΑΣΆΖ
ΕΝΈΡΓΕΙΑ	ΚΊΝΔΥΝΟΙ
ΓΕΝΕΤΙΚΉ	ΚΟΙΜΆΜΑΙ
ΥΓΊΉ	ΑΘΛΗΤΙΚΉ
ΖΥΓΊΖΩ	ΠΊΕΣΗ
ΥΓΙΕΙΝΉ	ΒΙΤΑΜΊΝΗ

2 - Ozean

```
Σ  Φ  Ο  Υ  Γ  Γ  Ά  Ρ  Ι  Ε  Ο  Υ  Κ  Δ  Κ  Ο
Χ  Μ  Έ  Δ  Ο  Υ  Σ  Ε  Σ  Τ  Ω  Μ  Α  Ε  Ο  Χ
Χ  Τ  Ρ  Β  Λ  Ο  Ρ  Α  Υ  Χ  Ά  Ο  Ρ  Λ  Ρ  Έ
Σ  Κ  Α  Β  Σ  Ξ  Έ  Ρ  Α  Ω  Υ  Λ  Χ  Φ  Ά  Λ
Α  Ύ  Η  Π  Ί  Έ  Ω  Ψ  Δ  Ί  Λ  Ι  Α  Ί  Λ  Ι
Γ  Μ  Φ  Ω  Ό  Α  Ε  Ψ  Ί  Ί  Γ  Α  Ρ  Ν  Λ  Δ
Α  Α  Ά  Ω  Τ  Δ  Η  Ι  Γ  Δ  Σ  Λ  Ί  Ι  Ι  Ρ
Ρ  Τ  Λ  Λ  Δ  Π  Ι  Ψ  Ι  Τ  Α  Χ  Α  Ρ  Η  Ι
Ί  Α  Α  Ψ  Ά  Ρ  Ι  Ν  Α  Μ  Α  Ψ  Σ  Ύ  Ω  Τ
Δ  Β  Ι  Ω  Τ  Η  Λ  Γ  Τ  Χ  Ε  Π  Ρ  Ο  Σ  Ό
Α  Γ  Ν  Α  Ο  Ω  Ί  Ε  Α  Ρ  Ε  Α  Υ  Β  Υ  Ν
Α  Ί  Α  Ι  Α  Α  Έ  Γ  Κ  Η  Ν  Λ  Η  Α  Σ  Ο
Π  Α  Λ  Ί  Ρ  Ρ  Ο  Ι  Α  Δ  Ι  Ω  Ό  Κ  Ο  Σ
Β  Ά  Ρ  Κ  Α  Ι  Ρ  Υ  Η  Π  Ε  Γ  Ξ  Ν  Τ  Ι
Σ  Τ  Ρ  Ε  Ί  Δ  Ι  Ρ  Ε  Χ  Ε  Υ  Π  Τ  Α  Μ
Ξ  Λ  Έ  Χ  Α  Α  Δ  Δ  Ι  Ξ  Υ  Δ  Γ  Έ  Ο  Μ
```

ΧΈΛΙ	ΧΤΑΠΌΔΙ
ΣΤΡΕΊΔΙ	ΜΈΔΟΥΣΕΣ
ΒΆΡΚΑ	ΞΈΡΑ
ΔΕΛΦΊΝΙ	ΑΛΆΤΙ
ΨΆΡΙ	ΧΕΛΏΝΑ
ΓΑΡΊΔΑ	ΣΦΟΥΓΓΆΡΙ
ΠΑΛΊΡΡΟΙΑ	ΚΑΤΑΙΓΊΔΑ
ΚΑΡΧΑΡΊΑΣ	ΤΌΝΟΣ
ΚΟΡΆΛΛΙ	ΦΆΛΑΙΝΑ
ΚΑΒΟΎΡΙ	ΚΎΜΑΤΑ

3 - Krankheit

```
Ν Ω Ω Α Τ Γ Ω Ξ Ξ Π Χ Γ Χ Θ Κ Α
Ξ Ε Μ Λ Ν Α Ε Ρ Β Μ Ρ Ι Ρ Ε Λ Ν
Ψ Ρ Υ Χ Ω Τ Υ Ν Χ Σ Α Ξ Ό Ρ Η Α
Α Ί Γ Ρ Ε Λ Λ Α Ε Π Χ Γ Ν Α Ρ Π
Φ Ε Ρ Η Ο Χ Σ Λ Έ Τ Ξ Ε Ι Π Ο Ν
Λ Υ Ι Ω Μ Π Ν Π Έ Ο Ι Ό Ο Ε Ν Ε
Ε Ε Γ Ν Ο Χ Ά Σ Δ Έ Β Κ Σ Ί Ο Υ
Γ Ξ Μ Ξ Ρ Ι Α Θ Ω Σ Ι Ι Ή Α Μ Σ
Μ Ί Υ Η Δ Ί Ρ Ι Ε Λ Έ Τ Σ Ί Ι Τ
Ο Α Ν Ξ Ν Ί Ε Α Υ Ι Ν Ο Ρ Ε Κ Ι
Ν Η Ο Π Ύ Τ Σ Ψ Γ Ψ Α Δ Μ Γ Ή Κ
Ή Υ Λ Ψ Σ Α Σ Υ Λ Ί Α Α Μ Υ Π Ή
Κ Α Ρ Δ Ι Ά Τ Σ Ο Δ Λ Τ Χ Χ Ψ Δ
Κ Ο Ι Λ Ι Α Κ Ή Ω Η Π Ε Α Ξ Υ Ι
Ω Ψ Γ Ε Ί Υ Λ Έ Ρ Μ Ε Μ Β Ω Α Δ
Π Ν Ε Υ Μ Ο Ν Ι Κ Ή Α Υ Ω Ί Γ Ω
```

ΚΟΙΛΙΑΚΉ	ΚΑΡΔΙΆ
ΑΛΛΕΡΓΊΑ	ΑΣΥΛΊΑ
ΜΕΤΑΔΟΤΙΚΌ	ΟΣΤΆ
ΑΝΑΠΝΕΥΣΤΙΚΉ	ΣΏΜΑ
ΧΡΌΝΙΟΣ	ΝΕΥΡΟΠΆΘΕΙΑ
ΦΛΕΓΜΟΝΉ	ΠΝΕΥΜΟΝΙΚΉ
ΚΛΗΡΟΝΟΜΙΚΉ	ΣΎΝΔΡΟΜΟ
ΓΕΝΕΤΙΚΉ	ΘΕΡΑΠΕΊΑ
ΥΓΕΊΑ	ΕΥΕΞΊΑ

4 - Meditation

```
Κ  Σ  Λ  Τ  Ό  Λ  Α  Υ  Μ  Α  Σ  Π  Α  Π  Ψ  Δ
Ε  Ί  Κ  Ι  Μ  Σ  Π  Ψ  Γ  Μ  Υ  Ρ  Ο  Ρ  Ω  Η
Υ  Γ  Ν  Έ  Ι  Ε  Ο  Ο  Α  Χ  Μ  Ο  Ξ  Ο  Υ  Ρ
Τ  Ω  Τ  Η  Ψ  Τ  Δ  Ρ  Ψ  Ε  Π  Σ  Υ  Ο  Σ  Ε
Υ  Λ  Ι  Β  Σ  Η  Ο  Ν  Υ  Σ  Ό  Ο  Έ  Π  Έ  Μ
Χ  Ι  Ν  Μ  Ρ  Η  Χ  Π  Ο  Δ  Ν  Χ  Έ  Τ  Μ  Ί
Ί  Α  Γ  Μ  Λ  Ι  Ή  Β  Β  Ψ  Ι  Ή  Ρ  Ι  Μ  Α
Α  Τ  Λ  Λ  Ί  Ι  Ή  Υ  Β  Δ  Α  Έ  Τ  Κ  Ο  Υ
Ε  Υ  Γ  Ν  Ω  Μ  Ο  Σ  Ύ  Ν  Η  Σ  Κ  Ή  Υ  Τ
Σ  Μ  Γ  Χ  Μ  Ί  Ν  Μ  Έ  Ν  Ν  Α  Α  Π  Σ  Τ
Π  Ί  Χ  Δ  Ν  Η  Π  Ο  Ψ  Ω  Ή  Φ  Λ  Ί  Ι  Ψ
Ξ  Ξ  Ξ  Ο  Σ  Ε  Α  Ε  Μ  Ψ  Ρ  Ή  Ο  Σ  Κ  Έ
Φ  Ρ  Σ  Ξ  Σ  Έ  Ν  Η  Ω  Λ  Ι  Ν  Σ  Ι  Ή  Τ
Λ  Ύ  Χ  Έ  Χ  Ε  Α  Ω  Χ  Υ  Ε  Ε  Ύ  Ω  Α  Ψ
Η  Ν  Σ  Ξ  Ύ  Π  Ν  Η  Σ  Ε  Υ  Ι  Ν  Π  Ε  Ν
Π  Β  Ί  Η  Ψ  Ψ  Υ  Χ  Ι  Κ  Ή  Α  Η  Ή  Ε  Υ
```

ΑΠΟΔΟΧΉ
ΑΝΑΠΝΟΉ
ΠΡΟΣΟΧΉ
ΚΊΝΗΣΗ
ΕΥΓΝΩΜΟΣΎΝΗ
ΚΑΛΟΣΎΝΗ
ΕΙΡΉΝΗ
ΣΚΈΨΗ
ΨΥΧΙΚΉ
ΕΥΤΥΧΊΑ

ΣΑΦΉΝΕΙΑ
ΣΥΜΠΌΝΙΑ
ΜΟΥΣΙΚΉ
ΦΎΣΗ
ΠΡΟΟΠΤΙΚΉ
ΗΡΕΜΊΑ
ΣΙΩΠΉ
ΜΥΑΛΌ
ΞΎΠΝΗΣΕ

5 - Archäologie

```
Υ  Δ  Ι  Λ  Η  Δ  Σ  Λ  Ξ  Γ  Ο  Ι  Ω  Σ  Μ  Ε
Ρ  Γ  Η  Υ  Τ  Έ  Π  Ο  Ο  Ω  Ξ  Β  Σ  Χ  Ι  Ρ
Σ  Ό  Μ  Σ  Ι  Τ  Ι  Λ  Ο  Π  Τ  Λ  Ρ  Έ  Α  Ε
Κ  Χ  Σ  Ε  Ν  Α  Χ  Ν  Ω  Μ  Χ  Λ  Α  Μ  Λ  Υ
Α  Ξ  Ε  Χ  Α  Σ  Μ  Έ  Ν  Ο  Ά  Τ  Σ  Ο  Ε  Ν
Θ  Δ  Π  Ο  Λ  Μ  Γ  Χ  Ε  Ξ  Π  Ν  Δ  Ί  Α  Ί
Η  Ξ  Μ  Γ  Δ  Η  Χ  Η  Ί  Η  Σ  Ά  Α  Ν  Ψ  Τ
Γ  Α  Ρ  Χ  Α  Ι  Ό  Τ  Η  Τ  Α  Γ  Μ  Ά  Α  Ή
Η  Ρ  Χ  Λ  Ξ  Μ  Υ  Ί  Ε  Ν  Ν  Ν  Ω  Λ  Ν  Σ
Τ  Ξ  Ί  Λ  Ο  Ε  Ή  Ψ  Δ  Π  Λ  Ω  Θ  Υ  Ο  Ν
Ή  Ε  Π  Ο  Χ  Η  Π  Ν  Λ  Ί  Η  Σ  Ί  Σ  Γ  Ο
Σ  Ο  Ν  Ο  Γ  Ό  Π  Α  Μ  Α  Χ  Τ  Λ  Η  Χ  Τ
Α  Ξ  Ι  Ο  Λ  Ό  Γ  Η  Σ  Η  Μ  Ο  Ο  Ν  Α  Ό
Α  Ν  Τ  Ι  Κ  Ε  Ί  Μ  Ε  Ν  Α  Σ  Π  Ν  Τ  Έ
Τ  Μ  Υ  Σ  Τ  Ή  Ρ  Ι  Ο  Ω  Ψ  Ψ  Α  Ω  Ε  Υ
Α  Ε  Ω  Γ  Ω  Δ  Ψ  Ξ  Η  Τ  Η  Μ  Η  Έ  Η  Μ
```

ΑΝΆΛΥΣΗ	ΟΜΆΔΑ
ΑΡΧΑΙΌΤΗΤΑ	ΑΠΌΓΟΝΟΣ
ΑΞΙΟΛΌΓΗΣΗ	ΑΝΤΙΚΕΊΜΕΝΑ
ΕΠΟΧΉ	ΚΑΘΗΓΗΤΉΣ
ΕΡΕΥΝΗΤΉΣ	ΛΕΊΨΑΝΟ
ΑΠΟΛΊΘΩΜΑ	ΝΑΌ
ΜΥΣΤΉΡΙΟ	ΆΓΝΩΣΤΟΣ
ΜΝΉΜΑ	ΞΕΧΑΣΜΈΝΟ
ΟΣΤΆ	ΠΟΛΙΤΙΣΜΌΣ

6 - Gesundheit und Wellness #1

```
Κ  Ο  Ο  Η  Π  Τ  Μ  Υ  Β  Δ  Υ  Έ  Έ  Γ  Σ  Ι
Λ  Ρ  Η  Ε  Υ  Υ  Α  Π  Χ  Α  Μ  Ρ  Έ  Δ  Π  Σ
Ι  Μ  Ξ  Έ  Γ  Γ  Σ  Ο  Ί  Ε  Κ  Α  Μ  Ρ  Α  Φ
Ν  Ό  Δ  Η  Λ  Υ  Π  Υ  Ψ  Ο  Σ  Τ  Α  Ψ  Ε  Β
Ι  Ν  Ο  Υ  Έ  Ψ  Π  Α  Ν  Ξ  Ό  Ρ  Ή  Τ  Ε  Ν
Κ  Η  Σ  Σ  Π  Β  Α  Μ  Γ  Τ  Ι  Π  Γ  Ρ  Μ  Β
Ή  Γ  Ρ  Ε  Ν  Ε  Ψ  Γ  Λ  Χ  Δ  Β  Ξ  Χ  Ι  Ρ
Α  Ν  Τ  Ρ  Α  Υ  Μ  Α  Τ  Ι  Σ  Μ  Ό  Α  Σ  Α
Ρ  Ο  Ε  Ή  Κ  Ι  Ρ  Τ  Α  Ι  Ε  Ψ  Ξ  Λ  Τ  Σ
Τ  Ω  Σ  Ύ  Η  Χ  Ι  Ά  Π  Ε  Ί  Ν  Α  Ά  Ά  Υ
Ω  Τ  Έ  Τ  Ρ  Ω  Τ  Κ  Ά  Δ  Ι  Δ  Χ  Ρ  Σ  Ν
Ξ  Δ  Ω  Έ  Ά  Α  Έ  Μ  Ί  Ξ  Λ  Π  Ρ  Ω  Η  Ή
Σ  Υ  Μ  Π  Λ  Η  Ρ  Ώ  Μ  Α  Τ  Α  Η  Σ  Ρ  Θ
Ρ  Θ  Ε  Ρ  Α  Π  Ε  Ί  Α  Ξ  Ρ  Μ  Έ  Η  Ω  Ε
Δ  Ρ  Γ  Λ  Ν  Τ  Τ  Β  Έ  Υ  Λ  Π  Ι  Γ  Ξ  Ι
Υ  Έ  Χ  Σ  Ψ  Ο  Π  Σ  Σ  Σ  Χ  Ί  Α  Ξ  Μ  Α
```

ΕΝΕΡΓΉ	ΟΡΜΌΝΗ
ΦΑΡΜΑΚΕΊΟ	ΎΨΟΣ
ΔΙΔΆΚΤΩΡ	ΠΕΊΝΑ
ΒΑΚΤΉΡΙΑ	ΚΛΙΝΙΚΉ
ΧΑΛΆΡΩΣΗ	ΟΣΤΆ
ΣΥΜΠΛΗΡΏΜΑΤΑ	ΙΑΤΡΙΚΉ
ΚΆΤΑΓΜΑ	ΝΕΎΡΑ
ΣΥΝΉΘΕΙΑ	ΘΕΡΑΠΕΊΑ
ΣΤΆΣΗ	ΤΡΑΥΜΑΤΙΣΜΌ
ΔΈΡΜΑ	ΙΌΣ

7 - Obst

```
Κ Τ Π Λ Ο Έ Ο Ρ Υ Ο Μ Ό Τ Α Β Μ
Σ Ε Γ Η Η Ί Β Δ Υ Ι Ή Μ Ω Δ Ν Π
Μ Τ Ρ Η Ρ Ι Ν Ό Μ Ε Λ Α Ξ Υ Ν Α
Ψ Ψ Α Ά Β Β Ι Λ Ά Κ Ο Τ Ρ Ο Π Ν
Α Γ Μ Φ Σ Ψ Ν Ε Κ Τ Α Ρ Ί Ν Ι Ά
Χ Ν Δ Ξ Ύ Ι Μ Λ Μ Α Δ Β Ι Α Γ Ν
Υ Ω Α Ψ Έ Λ Η Ε Ε Χ Ύ Β Έ Β Κ Α
Δ Ι Χ Ν Ψ Η Ι Σ Η Λ Ρ Ξ Η Ο Ρ Ο
Α Ν Λ Α Ά Λ Χ Ψ Μ Ά Α Υ Π Κ Έ Ψ
Μ Β Ε Ρ Ί Κ Ο Κ Ο Δ Κ Π Ω Ά Ι Μ
Ά Ρ Ί Λ Ρ Γ Ρ Μ Ρ Ι Ε Ξ Τ Ν Π Ο
Σ Σ Ψ Ι Έ Ο Ε Γ Υ Δ Α Ι Λ Τ Φ Ύ
Κ Χ Τ Λ Μ Ρ Ο Δ Ά Κ Ι Ν Ο Ο Ρ Ρ
Η Π Α Π Ά Γ Ι Α Π Ε Π Ό Ν Ι Ο Ο
Ν Δ Ε Γ Α Ψ Τ Λ Η Ω Έ Τ Ί Σ Υ Β
Ο Ι Δ Ί Ν Ι Τ Κ Α Σ Ρ Ε Ί Ξ Τ Σ
```

ΑΝΑΝΆ	ΑΚΤΙΝΊΔΙΟ
ΜΉΛΟ	ΚΑΡΎΔΑ
ΒΕΡΊΚΟΚΟ	ΠΕΠΌΝΙ
ΑΒΟΚΆΝΤΟ	ΝΕΚΤΑΡΊΝΙ
ΜΠΑΝΆΝΑ	ΠΟΡΤΟΚΆΛΙ
ΜΟΎΡΟ	ΠΑΠΆΓΙΑ
ΑΧΛΆΔΙ	ΡΟΔΆΚΙΝΟ
ΓΚΡΈΙΠΦΡΟΥΤ	ΔΑΜΆΣΚΗΝΟ
ΒΑΤΌΜΟΥΡΟ	ΣΤΑΦΎΛΙ
ΚΕΡΆΣΙ	ΛΕΜΌΝΙ

8 - Universum

```
Γ  Ω  Φ  Γ  Ν  Ο  Ι  Σ  Ά  Τ  Σ  Ο  Ι  Λ  Η  Μ
Δ  Γ  Ε  Α  Έ  Ι  Η  Σ  Ω  Ε  Ι  Ψ  Έ  Β  Α  Ε
Α  Χ  Γ  Λ  Δ  Π  Γ  Ό  Η  Ψ  Η  Ρ  Σ  Γ  Ι  Ο
Ί  Ω  Γ  Α  Υ  Ό  Ή  Κ  Ι  Μ  Σ  Ο  Κ  Β  Ξ  Ο
Μ  Δ  Ά  Ξ  Ή  Κ  Α  Ι  Λ  Η  Ε  Α  Ν  Σ  Τ  Ι
Ο  Ο  Ρ  Ί  Τ  Σ  Ι  Φ  Ο  Α  Α  Ρ  Ο  Ο  Μ  Ρ
Ν  Υ  Ι  Α  Α  Ε  Α  Α  Ρ  Σ  Σ  Ι  Ι  Ε  Μ  Ί
Ο  Χ  Ρ  Σ  Ρ  Λ  Έ  Ρ  Ί  Τ  Τ  Α  Ν  Ν  Έ  Α
Ρ  Χ  Ί  Α  Ο  Η  Γ  Γ  Ζ  Ε  Ρ  Φ  Ά  Ν  Ό  Φ
Τ  Τ  Ψ  Β  Ν  Τ  Ω  Ω  Ο  Ρ  Ο  Σ  Ρ  Π  Ν  Σ
Σ  Ρ  Π  Σ  Π  Ό  Υ  Ε  Ν  Ο  Ν  Ό  Υ  Ξ  Δ  Ι
Α  Ο  Ι  Δ  Ώ  Ζ  Σ  Γ  Τ  Ε  Ό  Μ  Ο  Ν  Γ  Μ
Δ  Χ  Ί  Ρ  Γ  Λ  Β  Χ  Α  Ι  Μ  Τ  Ω  Υ  Λ  Η
Μ  Ι  Δ  Ά  Τ  Ο  Κ  Σ  Λ  Δ  Ο  Α  Ξ  Π  Ο  Η
Ι  Ά  Έ  Ο  Α  Β  Δ  Δ  Ω  Ή  Σ  Ο  Ω  Υ  Ρ  Τ
Γ  Χ  Ι  Ί  Ρ  Ι  Ω  Υ  Π  Σ  Υ  Α  Έ  Γ  Ω  Χ
```

ΑΣΤΕΡΟΕΙΔΉΣ   ΟΡΊΖΟΝΤΑ
ΑΣΤΡΟΝΌΜΟΣ   ΚΟΣΜΙΚΉ
ΑΣΤΡΟΝΟΜΊΑ   ΓΕΩΓΡΑΦΙΚΌ
ΑΤΜΌΣΦΑΙΡΑ   ΦΕΓΓΆΡΙ
ΙΣΗΜΕΡΙΝΌΣ   ΤΡΟΧΙΆ
ΣΚΟΤΆΔΙ   ΟΡΑΤΉ
ΓΑΛΑΞΊΑΣ   ΗΛΙΑΚΉ
ΗΜΙΣΦΑΊΡΙΟ   ΗΛΙΟΣΤΆΣΙΟ
ΟΥΡΑΝΌΣ   ΤΗΛΕΣΚΌΠΙΟ
ΟΥΡΆΝΙΟ   ΖΏΔΙΟ

9 - Camping

```
Σ  Ξ  Ό  Χ  Ρ  Β  Σ  Η  Ε  Α  Α  Ξ  Γ  Ζ  Δ  Κ
Φ  Α  Ν  Ά  Ρ  Ι  Ο  Π  Υ  Ξ  Ί  Δ  Α  Ώ  Ι  Υ
Έ  Ξ  Α  Ι  Δ  Λ  Σ  Υ  Ι  Β  Φ  Δ  Δ  Α  Α  Ν
Σ  Έ  Κ  Τ  Υ  Έ  Α  Π  Ν  Π  Σ  Ύ  Ί  Ι  Σ  Ή
Ρ  Χ  Ξ  Ω  Ω  Ί  Δ  Ε  Σ  Ό  Χ  Γ  Σ  Ξ  Κ  Γ
Ρ  Ρ  Β  Φ  Μ  Α  Π  Ρ  Ο  Μ  Ο  Γ  Μ  Η  Έ  Ι
Φ  Ε  Γ  Γ  Ά  Ρ  Ι  Ι  Κ  Σ  Ι  Υ  Χ  Έ  Δ  Ι
Ο  Ο  Ω  Ψ  Έ  Τ  Ή  Π  Α  Α  Ν  Ί  Π  Μ  Α  Κ
Ξ  Ι  Ο  Μ  Ο  Τ  Ν  Έ  Π  Ρ  Ί  Ε  Ω  Υ  Σ  Τ
Λ  Τ  Α  Η  Ι  Π  Η  Τ  Έ  Δ  Ώ  Ω  Έ  Λ  Η  Ψ
Τ  Ξ  Ο  Ε  Ε  Μ  Κ  Ε  Λ  Ε  Τ  Ι  Ξ  Ί  Τ  Ο
Τ  Μ  Μ  Π  Ί  Π  Σ  Ι  Ο  Χ  Ί  Α  Α  Μ  Ρ  Υ
Δ  Μ  Ι  Τ  Ψ  Σ  Μ  Α  Ρ  Λ  Π  Ο  Λ  Ν  Ά  Γ
Λ  Π  Ρ  Σ  Ι  Ί  Ο  Ψ  Μ  Ρ  Σ  Ω  Ε  Η  Χ  Έ
Ψ  Ε  Ξ  Ψ  Ι  Έ  Δ  Ί  Λ  Ο  Ν  Υ  Μ  Ω  Ν  Μ
Ε  Δ  Μ  Λ  Ν  Ω  Χ  Η  Μ  Δ  Ε  Δ  Ί  Ι  Σ  Τ
```

ΠΕΡΙΠΈΤΕΙΑ	ΠΥΞΊΔΑ
ΒΟΥΝΌ	ΦΑΝΆΡΙ
ΦΩΤΙΆ	ΦΕΓΓΆΡΙ
ΑΙΏΡΑ	ΦΎΣΗ
ΚΑΠΈΛΟ	ΛΊΜΝΗ
ΈΝΤΟΜΟ	ΣΧΟΙΝΊ
ΚΥΝΉΓΙ	ΔΙΑΣΚΈΔΑΣΗ
ΚΑΜΠΊΝΑ	ΖΏΑ
ΚΑΝΌ	ΔΑΣΟΣ
ΧΆΡΤΗ	ΣΚΗΝΉ

10 - Zeit

```
Υ  Δ  Β  Ψ  Γ  Ξ  Γ  Β  Π  Γ  Γ  Ε  Α  Α  Λ  Ν
Β  Υ  Γ  Δ  Έ  Π  Β  Π  Χ  Ψ  Υ  Γ  Ψ  Τ  Ω  Δ
Δ  Ε  Κ  Α  Ε  Τ  Ί  Α  Ε  Τ  Ή  Σ  Ι  Α  Χ  Λ
Ν  Β  Π  Ρ  Τ  Ώ  Ρ  Α  Ρ  Υ  Ο  Α  Μ  Δ  Ε  Η
Ω  Ί  Ω  Έ  Γ  Τ  Ρ  Ο  Χ  Ξ  Ο  Ν  Β  Ά  Υ  Π
Σ  Γ  Σ  Μ  Α  Ί  Α  Ω  Υ  Τ  Ε  Ώ  Π  Μ  Ν  Ν
Ν  Ή  Έ  Τ  Ι  Χ  Μ  Μ  Ε  Τ  Ά  Ι  Ρ  Ο  Ύ  Ρ
Ο  Γ  Μ  Ω  Ώ  Ρ  Α  Λ  Χ  Ι  Α  Α  Ι  Δ  Χ  Β
Λ  Ί  Ί  Ε  Ι  Β  Έ  Ρ  Ο  Λ  Ό  Ι  Ν  Β  Τ  Π
Λ  Ε  Σ  Ε  Ρ  Δ  Ν  Μ  Α  Α  Δ  Α  Τ  Ε  Α  Ω
Έ  Α  Π  Γ  Μ  Α  Ί  Ρ  Η  Γ  Ι  Α  Η  Μ  Β  Ί
Μ  Β  Τ  Τ  Ξ  Ψ  Λ  Γ  Ι  Σ  Ε  Θ  Χ  Ή  Λ  Γ
Ν  Ν  Β  Σ  Ό  Ο  Χ  Ί  Γ  Ω  Ε  Ψ  Α  Ν  Ο  Η
Έ  Ε  Λ  Ο  Ι  Γ  Ό  Λ  Ο  Ρ  Ε  Μ  Η  Α  Ν  Μ
Β  Ρ  Α  Τ  Π  Ρ  Ω  Ί  Π  Β  Ρ  Δ  Χ  Σ  Ο  Μ
Ρ  Ί  Τ  Ε  Ο  Ψ  Τ  Ψ  Ε  Ί  Λ  Ψ  Ρ  Μ  Ω  Μ
```

ΧΘΕΣ	ΜΉΝΑΣ
ΣΉΜΕΡΑ	ΠΡΩΊ
ΕΤΟΣ	ΜΕΤΆ
ΑΙΏΝΑΣ	ΝΎΧΤΑ
ΔΕΚΑΕΤΊΑ	ΏΡΑ
ΕΤΉΣΙΑ	ΜΈΡΑ
ΤΏΡΑ	ΡΟΛΌΙ
ΗΜΕΡΟΛΌΓΙΟ	ΠΡΙΝ
ΛΕΠΤΌ	ΕΒΔΟΜΆΔΑ
ΜΕΣΗΜΈΡΙ	ΜΈΛΛΟΝ

11 - Säugetiere

```
Κ  Τ  Μ  Δ  Δ  Ω  Λ  Ο  Ε  Υ  Ω  Π  Τ  Α  Α  Λ
Σ  Α  Ν  Ι  Α  Λ  Ά  Φ  Λ  Ι  Η  Ά  Η  Γ  Α  Ι
Ξ  Δ  Γ  Χ  Β  Ε  Σ  Ν  Έ  Ν  Ψ  Ν  Λ  Μ  Έ  Ο
Ω  Ύ  Ν  Κ  Σ  Χ  Α  Ψ  Φ  Ί  Ω  Θ  Α  Λ  Ρ  Ν
Τ  Ο  Ε  Δ  Ο  Έ  Λ  Ο  Α  Ν  Δ  Η  Δ  Σ  Ξ  Τ
Ξ  Κ  Γ  Η  Ί  Υ  Ί  Ν  Ν  Ί  Α  Ρ  Ρ  Μ  Γ  Ά
Π  Ρ  Ν  Ω  Α  Κ  Ρ  Ρ  Τ  Υ  Ξ  Α  Ά  Γ  Ι  Ρ
Χ  Α  Σ  Λ  Ρ  Τ  Ο  Ό  Α  Σ  Η  Σ  Π  Γ  Ί  Ι
Σ  Τ  Α  Α  Υ  Ί  Γ  Γ  Σ  Ν  Η  Ο  Ο  Ι  Η  Τ
Ε  Π  Ε  Γ  Ο  Η  Ρ  Ν  Ι  Η  Ι  Ρ  Λ  Ι  Η  Μ
Ε  Σ  Ξ  Ω  Ρ  Π  Β  Ψ  Σ  Ό  Γ  Ύ  Η  Ε  Έ  Δ
Ί  Ο  Ν  Ι  Α  Ά  Λ  Ο  Γ  Ο  Τ  Α  Μ  Δ  Ι  Ο
Α  Λ  Ε  Π  Ο  Ύ  Ζ  Έ  Β  Ρ  Α  Τ  Α  Ν  Λ  Η
Α  Ύ  Κ  Ά  Σ  Τ  Ο  Ρ  Α  Σ  Τ  Γ  Κ  Ί  Ι  Γ
Δ  Κ  Ο  Ί  Χ  Ξ  Μ  Α  Ϊ  Μ  Ο  Ύ  Έ  Ω  Σ  Χ
Η  Σ  Λ  Ύ  Κ  Ο  Σ  Π  Ρ  Ό  Β  Α  Τ  Ο  Σ  Ί
```

ΜΑΪΜΟΎ	ΛΙΟΝΤΆΡΙ
ΑΡΚΟΎΔΑ	ΠΆΝΘΗΡΑΣ
ΚΆΣΤΟΡΑΣ	ΆΛΟΓΟ
ΕΛΈΦΑΝΤΑΣ	ΑΡΟΥΡΑΊΟΣ
ΑΛΕΠΟΎ	ΠΡΌΒΑΤΟ
ΚΑΜΗΛΟΠΆΡΔΑΛΗ	ΤΑΎΡΟΣ
ΓΟΡΊΛΑΣ	ΤΊΓΡΗ
ΣΚΎΛΟΣ	ΦΆΛΑΙΝΑ
ΚΑΓΚΟΥΡΌ	ΛΎΚΟΣ
ΚΟΓΙΟΤ	ΖΈΒΡΑ

12 - Algebra

Γ	Ε	Ε	Τ	Ο	Χ	Μ	Σ	Γ	Ρ	Χ	Τ	Η	Ω	Ί	Ω
Γ	Τ	Η	Α	Δ	Γ	Ρ	Ή	Ψ	Ρ	Μ	Λ	Ο	Β	Σ	Ψ
Ο	Ρ	Ι	Ε	Π	Ά	Δ	Ψ	Τ	Π	Α	Μ	Χ	Π	Ψ	Ν
Ά	Α	Ά	Ν	Ω	Ε	Γ	Ι	Χ	Ρ	Ί	Μ	Χ	Ο	Δ	Έ
Θ	Φ	Δ	Φ	Κ	Λ	Ά	Σ	Μ	Α	Α	Ί	Μ	Ο	Έ	Ψ
Ρ	Α	Τ	Λ	Η	Α	Ο	Β	Ν	Α	Ο	Ξ	Χ	Ι	Γ	Ξ
Ο	Ί	Τ	Ύ	Σ	Μ	Α	Π	Λ	Ο	Π	Ο	Ι	Ώ	Κ	Α
Ι	Ρ	Ύ	Ν	Ύ	Η	Α	Μ	Μ	Α	Ρ	Γ	Ά	Ι	Δ	Ή
Σ	Ε	Π	Ω	Λ	Λ	Τ	Ι	Η	Έ	Ο	Β	Ω	Ν	Ε	Ψ
Μ	Σ	Ο	Η	Β	Β	Η	Β	Τ	Ν	Ρ	Ί	Η	Έ	Β	Ί
Α	Η	Σ	Α	Ρ	Ό	Τ	Π	Λ	Ο	Α	Δ	Έ	Δ	Ι	Μ
Έ	Δ	Λ	Ω	Π	Ρ	Ό	Ε	Ε	Κ	Θ	Έ	Τ	Η	Π	Ν
Υ	Ν	Η	Ρ	Σ	Π	Σ	Ό	Μ	Θ	Ι	Ρ	Α	Μ	Έ	Ο
Τ	Χ	Σ	Α	Τ	Ν	Ο	Γ	Ά	Ρ	Α	Π	Π	Α	Μ	Ν
Μ	Μ	Ξ	Π	Έ	Ί	Π	Μ	Ε	Τ	Α	Β	Λ	Η	Τ	Ή
Π	Ο	Ί	Β	Ψ	Ί	Τ	Ε	Ξ	Ί	Σ	Ω	Σ	Η	Ξ	Τ

ΚΛΆΣΜΑ

ΔΙΆΓΡΑΜΜΑ

ΕΚΘΈΤΗ

ΠΑΡΆΓΟΝΤΑΣ

ΤΎΠΟΣ

ΕΞΊΣΩΣΗ

ΓΡΆΦΗΜΑ

ΓΡΑΜΜΙΚΉ

ΛΎΝΩ

ΛΎΣΗ

ΜΉΤΡΑ

ΠΟΣΌΤΗΤΑ

ΜΗΔΈΝ

ΑΡΙΘΜΌΣ

ΠΡΌΒΛΗΜΑ

ΑΦΑΊΡΕΣΗ

ΆΘΡΟΙΣΜΑ

ΆΠΕΙΡΟ

ΜΕΤΑΒΛΗΤΉ

ΑΠΛΟΠΟΙΏ

13 - Philanthropie

```
Ι  Ά  Α  Χ  Η  Δ  Ί  Ι  Η  Σ  Ψ  Δ  Δ  Σ  Σ  Π
Σ  Ν  Ν  Ρ  Ώ  Τ  Ο  Δ  Ο  Τ  Α  Μ  Η  Ρ  Χ  Ρ
Τ  Θ  Θ  Ή  Ν  Ε  Ψ  Ε  Ί  Ν  Ι  Ρ  Μ  Μ  Δ  Ο
Ο  Ρ  Ρ  Μ  Ε  Κ  Π  Γ  Ξ  Ί  Ε  Έ  Ό  Ν  Ί  Γ
Ρ  Ω  Ω  Α  Α  Ο  Υ  Α  Ο  Έ  Ν  Η  Σ  Λ  Ί  Ρ
Ί  Π  Π  Τ  Ί  Ι  Υ  Τ  Φ  Τ  Ί  Δ  Ι  Α  Π  Ά
Α  Ο  Ό  Α  Ρ  Ν  Ψ  Μ  Π  Ή  Ρ  Ί  Ο  Ι  Γ  Μ
Ψ  Ι  Τ  Α  Ω  Ό  Τ  Έ  Ω  Έ  Κ  Τ  Σ  Μ  Χ  Μ
Ι  Η  Η  Ρ  Δ  Τ  Έ  Λ  Υ  Μ  Ι  Ξ  Ε  Σ  Α  Α
Σ  Η  Τ  Β  Ο  Η  Γ  Β  Λ  Υ  Λ  Η  Ν  Ό  Π  Τ
Χ  Ε  Α  Ι  Ι  Τ  Ω  Α  Χ  Ο  Ι  Β  Ο  Κ  Ο  Α
Ψ  Π  Ι  Έ  Α  Α  Ί  Α  Λ  Ο  Ε  Ν  Μ  Γ  Σ  Λ
Φ  Ι  Λ  Α  Ν  Θ  Ρ  Ω  Π  Ί  Α  Ο  Α  Α  Τ  Ε
Α  Ι  Ο  Σ  Ν  Ρ  Έ  Ω  Λ  Ι  Τ  Σ  Δ  Π  Ο  Σ
Σ  Ω  Τ  Η  Ε  Ν  Β  Ε  Τ  Χ  Π  Μ  Ε  Α  Λ  Π
Η  Μ  Ρ  Ξ  Γ  Τ  Ί  Ι  Ο  Χ  Ό  Τ  Σ  Ι  Ή  Χ
```

ΕΙΛΙΚΡΊΝΕΙΑ

ΧΡΗΜΑΤΟΔΟΤΏ

ΚΟΙΝΌΤΗΤΑ

ΙΣΤΟΡΊΑ

ΠΑΓΚΌΣΜΙΑ

ΓΕΝΝΑΙΟΔΩΡΊΑ

ΟΜΑΔΕΣ

ΝΕΟΛΑΊΑ

ΠΑΙΔΊ

ΕΠΑΦΉ

ΆΝΘΡΩΠΟΙ

ΑΝΘΡΩΠΌΤΗΤΑ

ΑΠΟΣΤΟΛΉ

ΧΡΉΜΑΤΑ

ΦΙΛΑΝΘΡΩΠΊΑ

ΔΗΜΌΣΙΟΣ

ΠΡΟΓΡΆΜΜΑΤΑ

ΣΤΌΧΟΙ

14 - Diplomatie

```
Ί Ω Α Ι Έ Η Π Γ Α Ι Ε Λ Ά Φ Σ Α
Τ Γ Ψ Ί Η Θ Ι Κ Ή Ί Ε Λ Ύ Σ Η Κ
Π Ψ Ψ Ω Β Α Ί Σ Α Γ Ρ Ε Ν Υ Σ Ε
Ί Δ Ρ Γ Δ Μ Η Ω Τ Π Ε Ρ Λ Λ Η Ρ
Π Σ Ύ Μ Β Ο Υ Λ Ο Σ Μ Τ Ο Υ Τ Α
Α Ρ Δ Κ Σ Υ Ν Θ Ή Κ Η Σ Α Μ Ή Ι
Ν Τ Ε Γ Υ Σ Ύ Γ Κ Ρ Ο Υ Σ Η Ζ Ό
Ά Τ Σ Σ Η Β Σ Έ Ρ Π Ν Ω Δ Ε Υ Τ
Λ Ο Σ Ω Β Ε Έ Π Η Ν Έ Η Ο Ε Σ Η
Υ Ρ Ξ Β Η Ε Τ Ρ Ο Α Ξ Χ Ν Έ Έ Τ
Σ Μ Μ Υ Ω Ψ Ί Έ Ν Λ Γ Μ Υ Β Ι Α
Η Έ Π Η Ν Ο Η Α Β Η Ι Ε Χ Ν Α Ο
Δ Ι Κ Α Ι Ο Σ Ύ Ν Η Σ Τ Ρ Ί Ρ Β
Δ Ι Π Λ Ω Μ Α Τ Ι Κ Ό Η Ι Έ Σ Α
Α Ν Θ Ρ Ω Π Ι Σ Τ Ι Κ Ή Έ Κ Υ Μ
Κ Ο Ι Ν Ό Τ Η Τ Α Σ Σ Ώ Λ Γ Ή Α
```

ΑΝΆΛΥΣΗ	ΑΝΘΡΩΠΙΣΤΙΚΉ
ΞΈΝΟ	ΑΚΕΡΑΙΌΤΗΤΑ
ΣΎΜΒΟΥΛΟΣ	ΣΎΓΚΡΟΥΣΗ
ΠΡΕΣΒΕΊΑ	ΛΎΣΗ
ΠΡΈΣΒΗΣ	ΠΟΛΙΤΙΚΉ
ΔΙΠΛΩΜΑΤΙΚΌ	ΚΥΒΈΡΝΗΣΗ
ΣΥΖΉΤΗΣΗ	ΑΣΦΆΛΕΙΑ
ΗΘΙΚΉ	ΓΛΏΣΣΑ
ΚΟΙΝΌΤΗΤΑ	ΣΥΝΘΉΚΗ
ΔΙΚΑΙΟΣΎΝΗ	ΣΥΝΕΡΓΑΣΊΑ

15 - Astronomie

```
Β Ο Ο Β Ρ Β Ν Η Ζ Α Α Η Ε Ε Β Δ
Α Έ Α Υ Ν Έ Γ Π Ι Ώ Σ Ο Ι Λ Ή Ω
Π Σ Ρ Η Η Α Η Ο Ε Ρ Δ Τ Έ Ψ Ι Μ
Α Λ Τ Ο Υ Ρ Α Ν Ό Σ Β Ι Έ Ρ Χ Ο
Ρ Α Ί Ε Κ Ο Μ Ή Τ Η Σ Ο Ο Ρ Δ Υ
Α Σ Ε Ι Ρ Ά Γ Γ Ε Φ Π Β Ι Ψ Ι Α
Τ Τ Σ Δ Ω Ι Α Β Ό Ν Ρ Ε Π Υ Ο Σ
Η Ρ Ν Ι Σ Δ Σ Η Β Β Μ Ι Ό Ξ Ρ Ρ
Ρ Ο Ξ Λ Τ Η Ε Μ Τ Τ Ί Ν Κ Ψ Ω Ο
Η Ν Α Π Μ Ύ Σ Γ Ό Σ Ψ Τ Σ Π Έ Υ
Τ Α Δ Ο Ρ Υ Φ Ο Ρ Ι Κ Ή Ε Ε Τ Κ
Ή Ύ Π Λ Α Ν Ή Τ Η Σ Γ Χ Λ Ί Ε Έ
Ρ Τ Ν Ε Φ Έ Λ Ω Μ Α Γ Δ Η Γ Μ Τ
Ι Η Ε Α Ν Σ Ο Μ Ό Ν Ο Ρ Τ Σ Α Α
Ο Σ Ν Σ Ι Α Σ Τ Ε Ρ Ο Ε Ι Δ Ή Σ
Χ Δ Ε Ι Ι Υ Ί Α Β Η Λ Μ Β Ν Ί Η
```

ΑΣΤΕΡΟΕΙΔΉΣ	ΠΑΡΑΤΗΡΗΤΉΡΙΟ
ΑΣΤΡΟΝΑΎΤΗΣ	ΠΛΑΝΉΤΗΣ
ΑΣΤΡΟΝΌΜΟΣ	ΡΟΥΚΈΤΑ
ΓΗ	ΔΟΡΥΦΟΡΙΚΉ
ΟΥΡΑΝΌΣ	ΉΛΙΟΣ
ΚΟΜΉΤΗΣ	ΑΣΤΈΡΙ
ΑΣΤΕΡΙΣΜΌ	ΣΟΥΠΕΡΝΌΒΑ
ΜΕΤΈΩΡΟ	ΤΗΛΕΣΚΌΠΙΟ
ΦΕΓΓΆΡΙ	ΖΏΔΙΟ
ΝΕΦΈΛΩΜΑ	ΣΎΜΠΑΝ

16 - Ballett

```
Ρ  Ε  Σ  Υ  Σ  Τ  Ξ  Β  Ω  Ο  Ν  Έ  Ο  Ξ  Μ  Β
Α  Τ  Η  Τ  Ό  Ι  Ξ  Ε  Δ  Ι  Π  Ε  Ρ  Ω  Π  Τ
Β  Υ  Έ  Β  Λ  Α  Β  Έ  Ε  Ρ  Π  Π  Χ  Υ  Α  Μ
Ό  Ο  Β  Υ  Ο  Ί  Ω  Ω  Χ  Ή  Ρ  Ι  Ή  Ξ  Λ  Ν
Ρ  Β  Ξ  Υ  Ι  Φ  Σ  Α  Η  Τ  Ω  Α  Σ  Χ  Α  Ν
Π  Ψ  Ξ  Δ  Ξ  Α  Ε  Χ  Ύ  Α  Α  Ρ  Τ  Έ  Ρ  Ξ
Β  Χ  Ψ  Υ  Τ  Ρ  Ο  Α  Ο  Ο  Β  Δ  Ρ  Υ  Ί  Υ
Χ  Ο  Β  Χ  Έ  Γ  Ρ  Ι  Μ  Ρ  Ν  Ί  Α  Ι  Ν  Τ
Ν  Η  Σ  Ξ  Έ  Ο  Χ  Ψ  Θ  Κ  Ε  Ρ  Ν  Ε  Α  Ε
Ά  Ω  Ν  Δ  Έ  Ρ  Λ  Τ  Υ  Α  Λ  Υ  Τ  Σ  Ή  Χ
Ω  Σ  Α  Ί  Μ  Ο  Ν  Ο  Ρ  Ι  Ε  Χ  Τ  Ρ  Κ  Ν
Ε  Ή  Κ  Ι  Ν  Χ  Ε  Τ  Ι  Λ  Λ  Α  Κ  Ε  Ι  Ι
Ω  Χ  Ω  Η  Σ  Α  Τ  Ν  Έ  Ι  Έ  Ψ  Σ  Μ  Σ  Κ
Ή  Κ  Ι  Τ  Σ  Α  Ρ  Φ  Κ  Ε  Π  Ρ  Γ  Έ  Υ  Ή
Χ  Σ  Χ  Σ  Ν  Η  Σ  Υ  Ν  Θ  Έ  Τ  Η  Β  Ο  Λ
Χ  Έ  Ι  Ρ  Ο  Κ  Ρ  Ό  Τ  Η  Μ  Α  Π  Ω  Μ  Π
```

ΧΕΙΡΟΚΡΌΤΗΜΑ	ΟΡΧΉΣΤΡΑ
ΕΚΦΡΑΣΤΙΚΉ	ΆΣΚΗΣΗ
ΜΠΑΛΑΡΊΝΑ	ΠΡΌΒΑ
ΧΟΡΟΓΡΑΦΊΑ	ΑΚΡΟΑΤΉΡΙΟ
ΕΠΙΔΕΞΙΌΤΗΤΑ	ΡΥΘΜΟΎ
ΧΕΙΡΟΝΟΜΊΑ	ΣΌΛΟ
ΈΝΤΑΣΗ	ΣΤΥΛ
ΣΥΝΘΈΤΗ	ΧΟΡΕΥΤΕΣ
ΚΑΛΛΙΤΕΧΝΙΚΉ	ΤΕΧΝΙΚΉ
ΜΟΥΣΙΚΉ	

17 - Geologie

```
Η  Α  Π  Η  Ν  Λ  Ξ  Α  Ρ  Κ  Α  Λ  Σ  Ζ  Ή  Ο
Χ  Σ  Ω  Έ  Π  Ψ  Π  Μ  Χ  Ρ  Π  Ι  Τ  Ώ  Π  Ξ
Ω  Β  Ι  Ά  Τ  Κ  Υ  Ρ  Ο  Ύ  Ο  Ω  Α  Ν  Ε  Ύ
Ν  Έ  Σ  Η  Β  Ρ  Ο  Υ  Ί  Σ  Λ  Μ  Λ  Η  Ι  Υ
Ι  Σ  Έ  Ψ  Δ  Έ  Α  Ψ  Μ  Τ  Ί  Έ  Α  Έ  Ρ  Έ
Λ  Τ  Ι  Σ  Ο  Λ  Ί  Ε  Η  Α  Θ  Ν  Γ  Η  Ο  Τ
Γ  Ι  Λ  Β  Χ  Ι  Ζ  Χ  Έ  Λ  Ω  Ο  Μ  Σ  Σ  Π
Ν  Ο  Ι  Τ  Ά  Λ  Α  Β  Ά  Λ  Μ  Ε  Ι  Ρ  Ξ  Π
Β  Ν  Β  Ο  Β  Λ  Λ  Λ  Ρ  Α  Α  Μ  Τ  Δ  Έ  Τ
Ρ  Ξ  Β  Γ  Π  Ά  Α  Υ  Ή  Π  Ξ  Λ  Ε  Ω  Μ  Α
Λ  Σ  Σ  Ο  Ω  Ρ  Χ  Ο  Χ  Π  Π  Υ  Σ  Ι  Λ  Ν
Μ  Έ  Ο  Η  Ξ  Ο  Σ  Ξ  Σ  Χ  Σ  Χ  Γ  Ί  Α  Μ
Σ  Η  Τ  Ί  Τ  Κ  Α  Λ  Α  Τ  Σ  Ψ  Β  Ρ  Δ  Τ
Ω  Δ  Ν  Ε  Ο  Ρ  Ο  Π  Έ  Δ  Ι  Ο  Π  Γ  Ω  Α
Δ  Ι  Ά  Β  Ρ  Ω  Σ  Η  Ψ  Π  Ν  Ν  Υ  Ρ  Σ  Σ
Σ  Ε  Ι  Σ  Μ  Ό  Σ  Η  Φ  Α  Ί  Σ  Τ  Ε  Ι  Ο
```

ΣΕΙΣΜΌΣ   ΟΡΥΚΤΆ
ΔΙΆΒΡΩΣΗ   ΟΡΟΠΈΔΙΟ
ΑΠΟΛΊΘΩΜΑ   ΧΑΛΑΖΊΑ
ΛΙΩΜΈΝΟ   ΑΛΆΤΙ
ΣΠΉΛΑΙΟ   ΟΞΎ
ΑΣΒΈΣΤΙΟ   ΣΤΑΛΑΓΜΙΤΕΣ
ΉΠΕΙΡΟΣ   ΣΤΑΛΑΚΤΊΤΗΣ
ΚΟΡΆΛΛΙ   ΠΈΤΡΑ
ΚΡΎΣΤΑΛΛΑ   ΗΦΑΊΣΤΕΙΟ
ΛΆΒΑ   ΖΏΝΗ

18 - Wissenschaft

```
Υ Π Ό Θ Ε Σ Η Φ Ε Α Υ Ί Ω Σ Τ Π
Ν Α Σ Α Χ Ό Φ Υ Ρ Ο Ί Τ Ν Ω Ι Ε
Ο Ε Γ Ν Ν Ν Υ Τ Γ Ο Ι Β Η Μ Υ Α
Ρ Ρ Δ Α Β Ο Σ Ά Α Ι Ρ Ό Μ Α Π Έ
Χ Δ Γ Μ Υ Γ Ι Τ Σ Ψ Ι Έ Έ Τ Σ Μ
Ξ Ο Ο Α Χ Ε Κ Κ Τ Χ Ξ Ο Λ Ί Ρ Έ
Ή Υ Δ Ρ Ν Γ Ή Υ Ή Β Ά Ι Σ Δ Φ Θ
Κ Ω Ε Ί Ε Ι Σ Ρ Ρ Ί Π Τ Η Ι Ύ Ο
Ι Λ Μ Ε Α Ο Σ Ο Ι Ψ Έ Ω Ο Α Σ Δ
Μ Ί Ί Π Ν Ί Δ Μ Ο Ί Ί Μ Γ Μ Η Ο
Η Έ Ω Μ Ο Λ Μ Σ Ό Τ Ω Τ Β Υ Ο Σ
Χ Β Γ Ρ Α Η Τ Α Α Σ Ν Λ Β Γ Δ Ξ
Έ Ω Ξ Γ Π Υ Β Α Ρ Ύ Τ Η Τ Α Ι Λ
Ξ Ί Σ Δ Ε Δ Ο Μ Έ Ν Α Ε Ξ Ι Π Τ
Α Π Ο Λ Ί Θ Ω Μ Α Ε Ξ Έ Λ Ι Ξ Η
Ε Π Ι Σ Τ Ή Μ Ο Ν Α Σ Δ Π Λ Δ Ξ
```

ΆΤΟΜΟ	ΟΡΥΚΤΆ
ΧΗΜΙΚΉ	ΜΌΡΙΑ
ΔΕΔΟΜΈΝΑ	ΦΎΣΗ
ΕΞΈΛΙΞΗ	ΟΡΓΑΝΙΣΜΌΣ
ΠΕΊΡΑΜΑ	ΣΩΜΑΤΊΔΙΑ
ΑΠΟΛΊΘΩΜΑ	ΦΥΤΆ
ΥΠΌΘΕΣΗ	ΦΥΣΙΚΉ
ΚΛΊΜΑ	ΒΑΡΎΤΗΤΑ
ΕΡΓΑΣΤΉΡΙΟ	ΓΕΓΟΝΌΣ
ΜΈΘΟΔΟΣ	ΕΠΙΣΤΉΜΟΝΑΣ

19 - Bildende Kunst

```
Z  Χ  Σ  Η  Ν  Χ  Έ  Τ  Ι  Λ  Λ  Α  Κ  Α  Κ  Π
Ξ  Ω  Ξ  Χ  Ή  Κ  Ι  Τ  Π  Ο  Ο  Ρ  Π  Ρ  Ά  Ο
Τ  Σ  Γ  Τ  Γ  Ν  Γ  Ψ  Τ  Τ  Ξ  Χ  Α  Ι  Ρ  Λ
Έ  Α  Ί  Ρ  Β  Ε  Έ  Σ  Ε  Έ  Ο  Ι  Η  Σ  Β  Υ
Ω  Ν  Ι  Κ  Α  Γ  Τ  Δ  Ό  Λ  Υ  Τ  Σ  Τ  Ο  Γ
Μ  Ψ  Β  Ν  Ε  Φ  Υ  Ρ  Σ  Α  Α  Ε  Ε  Ο  Υ  Ρ
Χ  Ξ  Ύ  Β  Ί  Ρ  Ι  Γ  Η  Β  Η  Κ  Θ  Ύ  Ν  Ά
Χ  Ξ  Λ  Η  Ρ  Α  Α  Κ  Ο  Α  Α  Τ  Ν  Ρ  Ο  Φ
Ψ  Β  Ο  Ω  Ε  Π  Τ  Μ  Ή  Κ  Ε  Ο  Ύ  Γ  Τ  Ο
Ι  Ι  Μ  Ω  Κ  Ε  Ε  Ω  Ι  Ν  Ί  Ν  Σ  Η  Έ  Γ
Κ  Ι  Μ  Ω  Λ  Ί  Α  Γ  Ν  Κ  Σ  Ι  Λ  Μ  Ρ  Ψ
Ί  Χ  Π  Β  Α  Ι  Τ  Η  Η  Μ  Ή  Κ  Ι  Α  Τ  Τ
Ν  Γ  Λ  Υ  Π  Τ  Ι  Κ  Ή  Η  Ι  Ή  Ω  Λ  Ρ  Ί
Ρ  Φ  Ω  Τ  Ο  Γ  Ρ  Α  Φ  Ί  Α  Ξ  Η  Ο  Ο  Α
Ε  Τ  Γ  Ρ  Ο  Β  Ί  Γ  Λ  Δ  Υ  Έ  Ε  Ρ  Π  Γ
Β  Ω  Ί  Σ  Ν  Ί  Τ  Ω  Ι  Ω  Ί  Μ  Ι  Χ  Ν  Υ
```

ΑΡΧΙΤΕΚΤΟΝΙΚΉ	ΑΡΙΣΤΟΎΡΓΗΜΑ
ΜΟΛΎΒΙ	ΠΡΟΟΠΤΙΚΉ
ΤΑΙΝΊΑ	ΠΟΡΤΡΈΤΟ
ΦΩΤΟΓΡΑΦΊΑ	ΠΟΛΎΓΡΆΦΟ
ΖΩΓΡΑΦΙΚΉ	ΓΛΥΠΤΙΚΉ
ΚΆΡΒΟΥΝΟ	ΚΑΒΑΛΈΤΟ
ΚΕΡΑΜΙΚΉ	ΣΤΥΛΌ
ΚΙΜΩΛΊΑ	ΚΕΡΊ
ΚΑΛΛΙΤΈΧΝΗΣ	ΣΎΝΘΕΣΗ
ΒΕΡΝΊΚΙ	

20 - Sport

```
Ρ Σ Ή Τ Η Κ Ι Ν Β Υ Η Ω Υ Η Γ Χ
Ε Τ Ρ Π Ψ Μ Π Έ Ι Ζ Μ Π Ο Λ Υ Ό
Γ Ά Ψ Ί Ο Κ Ί Ν Η Σ Η Ο Δ Π Μ Κ
Έ Δ Δ Ρ Γ Δ Δ Δ Ρ Λ Τ Δ Μ Α Ν Ε
Δ Ι Ξ Γ Λ Λ Ή Π Χ Η Ξ Έ Ί Ι Ά Ϊ
Χ Ο Β Δ Σ Α Γ Λ Έ Σ Ν Ρ Ο Χ Σ Λ
Τ Έ Ν Ι Σ Θ Υ Δ Α Π Ι Χ Η Ν Ι Ω
Ο Μ Ά Δ Α Λ Μ Ρ Ξ Τ Α Χ Δ Ί Ο Χ
Γ Ο Τ Ο Ψ Η Ν Μ Δ Ε Ο Ί Σ Δ Έ Ρ
Ρ Κ Γ Ί Τ Τ Α Σ Μ Κ Ε Γ Κ Ι Έ Σ
Λ Ν Ο Α Ν Ή Σ Ν Δ Σ Ο Έ Χ Τ Ξ Ι
Ψ Β Λ Λ Σ Σ Τ Ρ Γ Ά Ω Η Έ Υ Η Δ
Β Ω Ε Ν Φ Ι Ι Α Γ Π Λ Ν Ο Ρ Γ Α
Η Γ Υ Σ Ψ Ί Κ Τ Γ Μ Ξ Υ Μ Λ Υ Δ
Ρ Λ Β Η Δ Π Ή Δ Ι Α Ι Τ Η Τ Ή Σ
Π Ρ Ω Τ Ά Θ Λ Η Μ Α Λ Λ Σ Λ Δ Ί
```

ΑΘΛΗΤΉΣ
ΜΠΈΙΖΜΠΟΛ
ΜΠΆΣΚΕΤ
ΚΊΝΗΣΗ
ΧΌΚΕΪ
ΠΟΔΉΛΑΤΟ
ΝΙΚΗΤΉΣ
ΓΚΟΛΦ
ΓΥΜΝΆΣΙΟ

ΓΥΜΝΑΣΤΙΚΉ
ΟΜΆΔΑ
ΠΡΩΤΆΘΛΗΜΑ
ΔΙΑΙΤΗΤΉΣ
ΠΑΙΧΝΊΔΙ
ΠΑΊΚΤΗ
ΣΤΆΔΙΟ
ΤΈΝΙΣ

21 - Mythologie

```
Η  Ρ  Ω  Ί  Δ  Α  Ρ  Ω  Ψ  Χ  Π  Κ  Λ  Ξ  Π  Β
Α  Ί  Γ  Ρ  Υ  Ο  Ι  Μ  Η  Δ  Λ  Α  Α  Τ  Ο  Ρ
Ω  Θ  Δ  Ύ  Ν  Α  Μ  Η  Χ  Ν  Ά  Τ  Β  Μ  Λ  Ο
Ι  Τ  Α  Ζ  Ι  Α  Ή  Λ  Ν  Τ  Σ  Α  Ύ  Β  Ε  Ν
Λ  Η  Δ  Ν  Ή  Χ  Ι  Ρ  Χ  Γ  Μ  Σ  Ρ  Ξ  Μ  Τ
Ω  Ο  Β  Έ  Α  Λ  Ρ  Δ  Ω  Υ  Α  Τ  Ι  Ο  Ι  Ή
Ι  Ι  Λ  Ι  Σ  Σ  Ι  Τ  Η  Α  Γ  Ρ  Ν  Π  Σ  Ψ
Θ  Ν  Η  Τ  Ό  Σ  Ί  Α  Η  Έ  Σ  Ο  Θ  Υ  Τ  Σ
Α  Ι  Έ  Δ  Μ  Ο  Δ  Α  Π  Ι  Ε  Φ  Ο  Τ  Ή  Γ
Σ  Λ  Η  Ω  Σ  Λ  Χ  Π  Ί  Α  Κ  Ή  Σ  Έ  Σ  Σ
Τ  Ω  Η  Μ  Ι  Ύ  Α  Ο  Η  Ι  Δ  Ν  Δ  Χ  Υ  Ω
Ρ  Σ  Ω  Ι  Τ  Ρ  Π  Γ  Υ  Υ  Ί  Τ  Έ  Ρ  Α  Σ
Α  Α  Μ  Ο  Ι  Θ  Ξ  Ξ  Η  Ό  Κ  Ι  Γ  Α  Μ  Η
Π  Π  Σ  Ψ  Λ  Υ  Χ  Λ  Σ  Σ  Η  Ρ  Ι  Η  Ν  Α
Ή  Η  Ξ  Δ  Ο  Ν  Δ  Η  Π  Σ  Σ  Ε  Ο  Λ  Ε  Έ
Ο  Ο  Υ  Β  Π  Ρ  Ι  Ρ  Έ  Τ  Η  Ρ  Ε  Ο  Μ  Λ
```

ΑΡΧΈΤΥΠΟ
ΑΣΤΡΑΠΉ
ΒΡΟΝΤΉ
ΖΉΛΙΑ
ΉΡΩΑΣ
ΗΡΩΪΔΑ
ΚΑΤΑΣΤΡΟΦΉ
ΔΗΜΙΟΥΡΓΊΑ
ΠΛΆΣΜΑ
ΠΟΛΕΜΙΣΤΉΣ

ΠΟΛΙΤΙΣΜΌΣ
ΛΑΒΎΡΙΝΘΟΣ
ΘΡΎΛΟΣ
ΜΑΓΙΚΌ
ΤΈΡΑΣ
ΕΚΔΊΚΗΣΗ
ΔΎΝΑΜΗ
ΘΝΗΤΌΣ
ΑΘΑΝΑΣΊΑ

22 - Restaurant #2

```
Γ Ψ Ν Χ Π Π Μ Ψ Τ Κ Κ Υ Η Ί Η Η
Ο Μ Ε Ι Α Ά Ί Ι Η Ο Φ Έ Π Ο Τ Ό
Α Β Ρ Ρ Λ Γ Π Ρ Β Υ Λ Ρ Ι Ψ Ό Γ
Μ Ι Ό Υ Ά Ο Ξ Ι Ψ Τ Α Π Ο Κ Κ Έ
Σ Χ Υ Β Τ Σ Δ Ο Ο Ά Χ Ι Ρ Ύ Ι Ρ
Λ Ε Ο Μ Ι Τ Σ Ό Ν Λ Α Ρ Β Α Τ Ί
Γ Α Λ Ω Ρ Ι Ν Ρ Π Ι Ν Ο Β Δ Κ Ο
Ν Μ Ζ Ρ Ά Ρ Χ Ρ Ί Ο Ι Ύ Έ Π Ε Λ
Δ Ύ Ι Ά Ψ Ν Γ Ν Ε Γ Κ Ν Χ Ε Ρ Α
Ι Ε Χ Ρ Ν Γ Ε Έ Δ Ω Ά Ι Λ Ι Ο Β
Π Γ Ω Π Λ Ι Ί Ψ Ν Σ Α Λ Ά Τ Α Α
Ο Α Ε Π Ψ Χ Α Μ Π Α Χ Α Ρ Ι Κ Ό
Σ Ο Ύ Π Α Σ Ε Ρ Β Ι Τ Ό Ρ Ο Σ Τ
Ε Η Ί Τ Ρ Ν Ι Ψ Ι Ψ Ξ Ω Ξ Ε Τ Ί
Σ Ι Η Δ Λ Ο Ν Ί Ψ Ω Μ Ρ Ν Ο Λ Λ
Κ Α Ρ Έ Κ Λ Α Π Ι Ω Β Ι Ί Η Σ Ρ
```

ΔΕΊΠΝΟ	ΚΈΙΚ
ΠΆΓΟΣ	ΚΟΥΤΆΛΙ
ΨΆΡΙ	ΓΕΎΜΑ
ΦΡΟΎΤΟ	ΛΑΖΆΝΙΑ
ΠΙΡΟΎΝΙ	ΣΑΛΆΤΑ
ΛΑΧΑΝΙΚΆ	ΑΛΆΤΙ
ΠΟΤΌ	ΚΑΡΈΚΛΑ
ΜΠΑΧΑΡΙΚΌ	ΣΟΎΠΑ
ΣΕΡΒΙΤΌΡΟΣ	ΟΡΕΚΤΙΚΌ
ΝΌΣΤΙΜΟ	ΝΕΡΌ

23 - Ökologie

```
Υ  Ί  Π  Έ  Ψ  Ι  Ι  Λ  Ρ  Ρ  Ι  Π  Π  Β  Ε  Ο
Δ  Ί  Π  Α  Τ  Η  Τ  Ό  Ν  Ι  Ο  Κ  Ό  Λ  Θ  Υ
Γ  Ν  Ι  Μ  Γ  Η  Β  Ε  Ί  Δ  Ο  Σ  Ρ  Ά  Ε  Σ
Έ  Μ  Λ  Ί  Ψ  Κ  Ί  Ν  Δ  Μ  Μ  Β  Ω  Σ  Λ  Ί
Θ  Ί  Α  Λ  Ρ  Ι  Ό  Φ  Π  Α  Έ  Έ  Ν  Τ  Ο  Β
Α  Α  Ί  Κ  Ψ  Σ  Β  Σ  Ύ  Ί  Λ  Ψ  Ν  Η  Ν  Η
Ε  Ί  Λ  Ά  Ν  Υ  Ο  Β  Μ  Σ  Π  Α  Ρ  Σ  Τ  Χ
Λ  Σ  Ι  Ά  Γ  Φ  Ο  Ω  Μ  Ι  Η  Ω  Ω  Η  Έ  Β
Λ  Α  Κ  Τ  Σ  Λ  Α  Δ  Ί  Ν  Α  Π  Ί  Μ  Σ  Ί
Ί  Ρ  Ι  Υ  Χ  Σ  Ξ  Ξ  Ι  Η  Δ  Ω  Ο  Ι  Έ  Σ
Έ  Η  Ο  Φ  Ο  Α  Ι  Ν  Α  Μ  Ί  Γ  Λ  Σ  Ο  Η
Ι  Ξ  Π  Ξ  Έ  Τ  Γ  Ο  Π  Ψ  Ρ  Λ  Έ  Ώ  Ω  Η
Έ  Έ  Δ  Τ  Ρ  Ε  Ι  Τ  Η  Σ  Ω  Ί  Β  Ι  Π  Ε
Α  Σ  Γ  Υ  Ί  Χ  Δ  Έ  Ξ  Έ  Λ  Χ  Α  Β  Ω  Ι
Γ  Π  Υ  Έ  Ί  Γ  Ξ  Ε  Ρ  Ψ  Χ  Λ  Ξ  Ώ  Ψ  Α
Η  Δ  Υ  Σ  Ί  Γ  Α  Έ  Α  Α  Β  Γ  Ε  Έ  Ρ  Τ
```

ΕΊΔΟΣ	ΘΑΛΆΣΣΙΟ
ΒΟΥΝΆ	ΒΙΏΣΙΜΗ
ΞΗΡΑΣΊΑ	ΦΎΣΗ
ΠΑΝΊΔΑ	ΦΥΣΙΚΉ
ΧΛΩΡΊΔΑ	ΦΥΤΆ
ΕΘΕΛΟΝΤΈΣ	ΠΌΡΩΝ
ΚΟΙΝΌΤΗΤΑ	ΕΠΙΒΊΩΣΗ
ΠΑΓΚΌΣΜΙΑ	ΒΛΆΣΤΗΣΗ
ΚΛΊΜΑ	ΠΟΙΚΙΛΊΑ

24 - Schokolade

```
Θ Ο Π Γ Ω Α Ω Ν Υ Σ Α Ν Χ Ι Σ Β
Ε Σ Ψ Ο Μ Ι Τ Σ Ό Ν Υ Π Χ Χ Α Υ
Ρ Δ Ό Κ Ι Τ Α Τ Σ Υ Σ Ν Ί Γ Χ Δ
Μ Ί Δ Α Ξ Ό Υ Σ Ω Δ Ρ Ρ Τ Σ Ο Λ
Ι Φ Ά Ρ Α Ξ Τ Κ Α Κ Ά Ο Ψ Α Π Γ
Δ Ι Ρ Ύ Δ Δ Γ Η Σ Ύ Ε Γ Α Τ Γ Ξ
Ε Σ Ω Δ Ψ Ξ Β Ί Τ Ψ Ν Γ Γ Ψ Β Ή
Σ Τ Μ Α Λ Ω Μ Π Α Α Ι Ν Α Λ Ι Μ
Ι Ί Α Λ Χ Ι Ρ Ι Γ Δ Σ Ε Π Σ Ο Β
Ψ Κ Μ Έ Ε Ν Β Κ Ί Ν Σ Υ Η Κ Τ Υ
Η Ι Ω Μ Τ Ξ Η Ρ Α Χ Ά Ζ Μ Ό Ε Γ
Τ Α Β Α Ο Μ Ω Ή Η Ο Ε Δ Έ Ν Χ Χ
Μ Ε Α Ρ Ί Π Τ Τ Α Ν Ψ Ψ Ν Η Ν Δ
Α Δ Α Α Ρ Τ Τ Ε Ι Τ Ι Γ Ο Σ Ι Λ
Α Έ Ν Κ Ψ Γ Σ Ψ Ε Κ Ω Β Σ Ρ Κ Ω
Γ Λ Υ Κ Ό Λ Γ Ω Ρ Ω Ό Χ Μ Ε Ή Τ
```

ΆΡΩΜΑ	ΚΑΡΑΜΈΛΑ
ΠΙΚΡΉ	ΚΑΡΎΔΑ
ΦΙΣΤΊΚΙΑ	ΝΌΣΤΙΜΟ
ΕΞΩΤΙΚΌ	ΣΚΌΝΗ
ΑΓΑΠΗΜΈΝΟΣ	ΠΟΙΌΤΗΤΑ
ΓΕΎΣΗ	ΣΥΝΤΑΓΉ
ΒΙΟΤΕΧΝΙΚΉ	ΓΛΥΚΌ
ΚΑΚΆΟ	ΖΆΧΑΡΗ
ΘΕΡΜΙΔΕΣ	ΣΥΣΤΑΤΙΚΌ

25 - Boote

```
Α Π Ο Β Ά Θ Ρ Α Σ Σ Α Λ Ά Θ Β Τ
Ρ Ξ Σ Η Ο Ί Δ Α Ο Ί Ε Μ Θ Ρ Ο Π
Ύ Έ Β Π Χ Σ Ι Τ Ρ Ά Τ Α Κ Γ Π Ί
Ο Ρ Ψ Α Ι Σ Τ Υ Ό Υ Ρ Έ Ν Μ Λ Ε
Δ Π Ο Τ Α Μ Ό Σ Φ Ι Κ Ι Έ Η Ή Ν
Α Β Έ Α Ι Α Γ Ό Ο Ν Ά Γ Ε Χ Ρ Ν
Μ Ί Έ Μ Β Η Ι Ν Ι Ν Ι Ί Ά Α Ω Α
Η Ν Δ Ύ Ί Δ Ι Α Τ Ω Γ Ρ Λ Ν Μ Δ
Σ Γ Ω Κ Σ Λ Τ Ε Σ Ξ Α Γ Π Ή Α Γ
Ο Ο Ι Ι Ω Λ Β Κ Ι Χ Κ Ι Ψ Η Τ Ί
Ω Η Μ Ο Σ Λ Ρ Ω Έ Ψ Ε Κ Α Ν Ό Ρ
Ω Ν Ν Ε Τ Ω Λ Ι Ψ Β Ε Δ Έ Η Ι Ε
Ρ Ρ Τ Τ Ι Ω Ί Ν Ι Ο Χ Σ Ί Ε Σ Υ
Ί Ψ Έ Ο Δ Υ Μ Ε Σ Ξ Δ Ν Έ Α Γ Ω
Ό Κ Ι Τ Υ Α Ν Ρ Α Ω Δ Α Ω Ψ Λ Δ
Λ Τ Λ Τ Α Ί Η Ψ Έ Τ Ξ Σ Ί Ί Χ Π
```

ΆΓΚΥΡΑ	ΘΆΛΑΣΣΑ
ΣΗΜΑΔΟΎΡΑ	ΜΗΧΑΝΉ
ΠΛΉΡΩΜΑ	ΝΑΥΤΙΚΌ
ΑΠΟΒΆΘΡΑ	ΩΚΕΑΝΌΣ
ΠΟΡΘΜΕΊΟ	ΣΩΣΊΒΙΑ
ΣΧΕΔΊΑ	ΛΊΜΝΗ
ΠΟΤΑΜΌΣ	ΙΣΤΙΟΦΌΡΟ
ΚΑΓΙΆΚ	ΣΧΟΙΝΊ
ΚΑΝΌ	ΚΎΜΑΤΑ
ΚΑΤΆΡΤΙ	ΓΙΟΤ

26 - Stadt

```
Π  Α  Ν  Ε  Π  Ι  Σ  Τ  Ή  Μ  Ι  Ο  Β  Υ  Ζ  Η
Η  Μ  Μ  Ο  Υ  Σ  Ε  Ί  Ο  Ν  Ο  Ί  Ε  Β  Ω  Λ
Ν  Ο  Ά  Γ  Γ  Σ  Α  Λ  Ό  Ν  Ι  Ε  Δ  Ξ  Ο  Ψ
Σ  Ω  Θ  Ρ  Χ  Ρ  Α  Ξ  Ω  Ξ  Μ  Λ  Ρ  Ε  Λ  Ξ
Έ  Τ  Σ  Έ  Κ  Σ  Δ  Η  Κ  Ά  Ό  Ω  Υ  Ί  Ο  Ε
Ψ  Ρ  Υ  Φ  Α  Ε  Π  Κ  Λ  Ί  Ρ  Π  Δ  Β  Γ  Ν
Α  Ά  Λ  Α  Ψ  Τ  Τ  Ή  Ι  Ε  Δ  Ο  Ρ  Ο  Ι  Ο
Ρ  Π  Λ  Γ  Β  Ρ  Θ  Ν  Γ  Ο  Ι  Γ  Ρ  Κ  Δ
Τ  Ε  Ο  Μ  Ω  Ω  Ί  Ο  Ι  Ρ  Ρ  Λ  Έ  Α  Ό  Ο
Ο  Ζ  Γ  Α  Υ  Ί  Ο  Ι  Κ  Ν  Ε  Β  Τ  Δ  Σ  Χ
Π  Α  Ή  Κ  Ί  Ο  Έ  Λ  Ή  Τ  Α  Ι  Ί  Β  Χ  Ε
Ο  Π  Ε  Ε  Ρ  Ψ  Έ  Β  Α  Ψ  Ω  Β  Π  Δ  Ο  Ί
Ι  Χ  Ξ  Ί  Ρ  Β  Ο  Ι  Δ  Ά  Τ  Σ  Ε  Ν  Λ  Ο
Ε  Λ  Ω  Ο  Α  Έ  Υ  Β  Ι  Η  Α  Ρ  Ι  Σ  Ε  Ί
Ί  Α  Ν  Θ  Ο  Π  Ω  Λ  Ε  Ί  Ο  Μ  Ω  Λ  Ί  Μ
Ο  Ι  Ρ  Ό  Τ  Α  Ι  Τ  Σ  Ε  Μ  Ρ  Α  Δ  Ο  Ν
```

ΦΑΡΜΑΚΕΊΟ
ΤΡΆΠΕΖΑ
ΑΡΤΟΠΟΙΕΊΟ
ΒΙΒΛΙΟΘΉΚΗ
ΑΝΘΟΠΩΛΕΊΟ
ΒΙΒΛΙΟΠΩΛΕΊΟ
ΑΕΡΟΔΡΌΜΙΟ
ΣΥΛΛΟΓΉ
ΞΕΝΟΔΟΧΕΊΟ
ΚΛΙΝΙΚΉ

ΑΓΟΡΆ
ΜΟΥΣΕΊΟ
ΕΣΤΙΑΤΌΡΙΟ
ΣΑΛΌΝΙ
ΣΧΟΛΕΊΟ
ΣΤΆΔΙΟ
ΜΆΡΚΕΤ
ΘΈΑΤΡΟ
ΠΑΝΕΠΙΣΤΉΜΙΟ
ΖΩΟΛΟΓΙΚΌ

27 - Aktivitäten

```
Ψ  Κ  Ε  Υ  Χ  Α  Ρ  Ί  Σ  Τ  Η  Σ  Η  Τ  Μ  Η
Ά  Ά  Υ  Υ  Π  Α  Ι  Χ  Ν  Ί  Δ  Ι  Α  Γ  Μ  Π
Ρ  Μ  Τ  Α  Ι  Η  Φ  Ω  Τ  Ο  Γ  Ρ  Α  Φ  Ί  Α
Ε  Π  Δ  Ο  Ρ  Ά  Ψ  Ι  Μ  Ο  Σ  Ί  Χ  Ή  Π  Σ
Μ  Ι  Ι  Ρ  Κ  Ε  Ρ  Α  Μ  Ι  Κ  Ή  Σ  Κ  Μ  Δ
Α  Ν  Μ  Ψ  Α  Τ  Η  Τ  Ό  Ι  Ξ  Ε  Δ  Ι  Π  Ε
Ψ  Γ  Ι  Έ  Η  Σ  Ω  Ρ  Ά  Λ  Α  Χ  Δ  Ρ  Α  Β
Ζ  Κ  Ξ  Χ  Ν  Ψ  Τ  Γ  Ψ  Α  Η  Ο  Γ  Υ  Ν  Ι
Α  Ω  Σ  Ψ  Χ  Σ  Ν  Η  Μ  Ο  Λ  Υ  Ξ  Ο  Α  Ο
Χ  Ν  Γ  Π  Ι  Ε  Μ  Ν  Ρ  Μ  Υ  Χ  Υ  Π  Ψ  Τ
Σ  Δ  Ά  Ρ  Γ  Ρ  Γ  Χ  Ο  Ι  Μ  Ν  Β  Η  Υ  Ε
Α  Ί  Ε  Γ  Α  Μ  Χ  Έ  Β  Ξ  Ό  Υ  Έ  Κ  Χ  Χ
Ρ  Γ  Δ  Ξ  Ν  Φ  Δ  Τ  Ε  Έ  Ε  Τ  Σ  Ο  Ή  Ν
Ω  Λ  Ω  Π  Τ  Ω  Ι  Χ  Χ  Λ  Σ  Α  Η  Ξ  Υ  Ί
Κ  Υ  Ν  Ή  Γ  Ι  Σ  Κ  Ω  Π  Ε  Η  Σ  Τ  Ν  Α
Χ  Σ  Μ  Ψ  Λ  Ί  Μ  Η  Ή  Δ  Ρ  Ο  Λ  Η  Α  Β
```

ΔΡΑΣΤΗΡΙΌΤΗΤΑ
ΨΆΡΕΜΑ
ΚΆΜΠΙΝΓΚ
ΧΑΛΆΡΩΣΗ
ΕΠΙΔΕΞΙΌΤΗΤΑ
ΦΩΤΟΓΡΑΦΊΑ
ΑΝΑΨΥΧΉ
ΚΗΠΟΥΡΙΚΉ
ΖΩΓΡΑΦΙΚΉ
ΚΥΝΉΓΙ

ΚΕΡΑΜΙΚΉ
ΤΈΧΝΗ
ΒΙΟΤΕΧΝΊΑ
ΑΝΆΓΝΩΣΗ
ΜΑΓΕΊΑ
ΡΆΨΙΜΟ
ΠΑΙΧΝΊΔΙΑ
ΠΛΈΞΙΜΟ
ΕΥΧΑΡΊΣΤΗΣΗ

28 - Bienen

Β	Δ	Ο	Μ	Ο	Τ	Ν	Έ	Γ	Ξ	Χ	Η	Φ	Γ	Ο	Μ
Τ	Δ	Η	Ι	Ή	Π	Α	Λ	Σ	Σ	Ί	Γ	Ρ	Ξ	Ί	Ρ
Ξ	Λ	Ο	Λ	Κ	Χ	Ε	Ι	Χ	Ε	Ψ	Κ	Ο	Ν	Σ	Ν
Δ	Ψ	Β	Έ	Ι	Ο	Λ	Ο	Δ	Ξ	Μ	Υ	Ύ	Λ	Λ	Λ
Α	Σ	Ή	Μ	Τ	Λ	Σ	Υ	Σ	Ύ	Ο	Ψ	Τ	Λ	Υ	Τ
Α	Ή	Φ	Τ	Ε	Ρ	Ά	Ύ	Ρ	Ξ	Ο	Έ	Ο	Τ	Γ	Ο
Σ	Τ	Ο	Λ	Γ	Ι	Τ	Α	Σ	Σ	Ι	Λ	Ί	Σ	Α	Β
Κ	Σ	Ρ	Α	Ρ	Ά	Υ	Ο	Ο	Τ	Ω	Η	Υ	Λ	Λ	Π
Δ	Α	Τ	Ο	Ε	Ν	Φ	Η	Ν	Ο	Η	Μ	Ι	Ο	Β	Ο
Υ	Ι	Π	Α	Υ	Θ	Ρ	Έ	Ή	Σ	Ρ	Μ	Έ	Ω	Λ	Ι
Υ	Ν	Γ	Ν	Ε	Ο	Λ	Ψ	Μ	Ί	Ύ	Β	Α	Μ	Α	Κ
Γ	Ο	Υ	Ι	Ί	Σ	Ξ	Ί	Σ	Ή	Γ	Ψ	Ο	Η	Η	Ι
Λ	Κ	Δ	Τ	Λ	Ζ	Τ	Λ	Ω	Λ	Ε	Ε	Χ	Ι	Ξ	Λ
Λ	Ι	Μ	Ι	Υ	Τ	Ο	Α	Υ	Ι	Τ	Έ	Η	Ι	Β	Ί
Ξ	Π	Κ	Ε	Ρ	Ί	Α	Υ	Ν	Ο	Μ	Ν	Β	Υ	Τ	Α
Λ	Ε	Υ	Ω	Σ	Ο	Ρ	Β	Ν	Σ	Ο	Π	Ή	Κ	Ο	Ξ

ΕΠΙΚΟΝΙΑΣΤΉΣ
ΚΥΨΈΛΗ
ΛΟΥΛΟΎΔΙΑ
ΆΝΘΟΣ
ΤΡΟΦΉ
ΦΤΕΡΆ
ΦΡΟΎΤΟ
ΚΉΠΟΣ
ΜΈΛΙ
ΈΝΤΟΜΟ

ΒΑΣΊΛΙΣΣΑ
ΟΙΚΟΣΎΣΤΗΜΑ
ΦΥΤΆ
ΓΎΡΗ
ΚΑΠΝΊΖΟΥΝ
ΣΜΉΝΟΣ
ΉΛΙΟΣ
ΠΟΙΚΙΛΊΑ
ΕΥΕΡΓΕΤΙΚΉ
ΚΕΡΊ

29 - Wissenschaftliche Disziplinen

```
Κ Κ Θ Γ Ν Α Ρ Α Ε Υ Ξ Ν Β Α Λ Β
Ο Ι Ε Υ Ε Ε Μ Λ Τ Ε Χ Β Ι Ν Γ Ι
Ι Ν Ρ Ω Α Ω Υ Δ Γ Π Β Ο Α Λ Ο
Ν Η Μ Ν Α Ω Λ Ρ Ψ Τ Ω Ε Λ Τ Ω Χ
Ω Σ Ο Ί Ί Η Χ Ο Ο Έ Μ Λ Ο Ο Σ Η
Ν Ι Δ Ν Γ Β Η Ή Γ Λ Π Α Γ Μ Σ Μ
Ι Ο Υ Δ Ο Έ Χ Κ Χ Ί Ο Ί Ί Ί Ο Ε
Ο Λ Ν Δ Λ Σ Υ Ι Ε Ξ Α Γ Α Α Λ Ί
Λ Ο Α Β Ο Τ Α Ν Ι Κ Ή Ο Ί Μ Ο Α
Ο Γ Μ Α Ι Ο Η Α Λ Λ Δ Λ Μ Α Γ Χ
Γ Ί Ι Ε Σ Χ Σ Χ Ψ Β Ξ Ο Λ Τ Ί Η
Ί Α Κ Ε Υ Χ Δ Η Έ Ο Η Κ Δ Ψ Α Μ
Α Ψ Ή Ω Φ Χ Π Μ Ψ Β Η Ι Τ Η Η Ε
Χ Ν Α Ω Α Ρ Χ Α Ι Ο Λ Ο Γ Ί Α Ί
Υ Ω Μ Ο Ρ Υ Κ Τ Ο Λ Ο Γ Ί Α Β Α
Α Σ Τ Ρ Ο Ν Ο Μ Ί Α Λ Λ Α Ο Γ Λ
```

ΑΝΑΤΟΜΊΑ	ΓΛΩΣΣΟΛΟΓΊΑ
ΑΡΧΑΙΟΛΟΓΊΑ	ΜΗΧΑΝΙΚΉ
ΑΣΤΡΟΝΟΜΊΑ	ΟΡΥΚΤΟΛΟΓΊΑ
ΒΙΟΧΗΜΕΊΑ	ΝΕΥΡΟΛΟΓΊΑ
ΒΙΟΛΟΓΊΑ	ΟΙΚΟΛΟΓΊΑ
ΒΟΤΑΝΙΚΉ	ΦΥΣΙΟΛΟΓΊΑ
ΧΗΜΕΊΑ	ΚΟΙΝΩΝΙΟΛΟΓΊΑ
ΓΕΩΛΟΓΊΑ	ΘΕΡΜΟΔΥΝΑΜΙΚΉ
ΚΙΝΗΣΙΟΛΟΓΊΑ	

30 - Vögel

Τ	Π	Ξ	Λ	Κ	Π	Π	Ο	Τ	Ε	Ε	Η	Κ	Π	Υ	Υ
Ε	Ι	Ρ	Β	Ο	Ν	Ε	Α	Α	Έ	Ε	Ψ	Ο	Ε	Η	Δ
Ν	Γ	Ν	Π	Τ	Γ	Έ	Λ	Π	Ι	Ν	Δ	Ύ	Λ	Π	Λ
Τ	Κ	Ε	Κ	Ό	Ρ	Ν	Η	Α	Α	Ί	Ι	Κ	Ε	Ρ	Ι
Π	Ο	Ε	Ύ	Π	Λ	Ί	Δ	Έ	Γ	Ψ	Ο	Κ	Ι	Ι	
Ά	Υ	Ρ	Κ	Ο	Ω	Ο	Χ	Α	Κ	Γ	Ά	Σ	Α	Ρ	Ε
Π	Ί	Ω	Ν	Υ	Α	Υ	Γ	Ό	Ο	Ρ	Ό	Λ	Ν	Έ	Γ
Ι	Ν	Δ	Ο	Λ	Β	Έ	Β	Η	Υ	Υ	Α	Σ	Ο	Τ	Λ
Α	Ο	Ι	Σ	Ο	Β	Π	Ψ	Λ	Κ	Χ	Ε	Α	Ε	Σ	Ά
Έ	Σ	Ο	Τ	Ο	Υ	Κ	Ά	Ν	Ο	Ή	Τ	Ξ	Β	Ι	Ρ
Ω	Δ	Σ	Σ	Τ	Ι	Π	Ε	Ν	Υ	Ν	Ό	Ν	Μ	Ρ	Ο
Φ	Λ	Α	Μ	Ί	Ν	Γ	Κ	Ο	Β	Α	Σ	Μ	Π	Ε	Σ
Β	Χ	Σ	Λ	Ί	Ώ	Ψ	Λ	Λ	Ά	Έ	Χ	Χ	Γ	Π	Τ
Ν	Σ	Λ	Μ	Ν	Γ	Ι	Τ	Ί	Γ	Ρ	Υ	Ο	Π	Σ	Υ
Σ	Σ	Ξ	Τ	Ι	Α	Ξ	Γ	Γ	Ι	Κ	Ά	Ρ	Ο	Κ	Ψ
Ω	Ο	Σ	Ε	Η	Π	Λ	Τ	Λ	Α	Τ	Λ	Τ	Μ	Χ	Ω

ΑΕΤΌΣ
ΑΥΓΌ
ΠΆΠΙΑ
ΚΟΥΚΟΥΒΆΓΙΑ
ΦΛΑΜΊΝΓΚΟ
ΧΉΝΑ
ΚΟΤΌΠΟΥΛΟ
ΚΟΎΚΟΣ
ΓΛΆΡΟΣ
ΠΑΠΑΓΆΛΟΣ

ΠΕΛΕΚΑΝ
ΠΑΓΏΝΙ
ΠΙΓΚΟΥΐΝΟΣ
ΚΟΡΆΚΙ
ΕΡΩΔΙΟΣ
ΚΎΚΝΟΣ
ΣΠΟΥΡΓΊΤΙ
ΠΕΛΑΡΓΌΣ
ΠΕΡΙΣΤΈΡΙ
ΤΟΥΚΆΝ

31 - Biologie

```
Ε  Α  Ω  Β  Ξ  Ψ  Ν  Ν  Ε  Ύ  Ρ  Ο  Γ  Ί  Έ  Ε
Ω  Ξ  Ω  Ι  Β  Ξ  Σ  Σ  Ε  Κ  Ν  Μ  Ψ  Τ  Χ  Έ
Ρ  Ρ  Έ  Ί  Ν  Ν  Ν  Π  Η  Ο  Δ  Υ  Δ  Ε  Χ  Β
Ξ  Μ  Υ  Λ  Λ  Έ  Γ  Β  Τ  Λ  Δ  Ζ  Μ  Β  Ρ  Υ
Ω  Μ  Ψ  Ε  Ι  Γ  Λ  Έ  Η  Λ  Ο  Ν  Ω  Χ  Ω  Θ
Π  Γ  Η  Κ  Σ  Ξ  Γ  Έ  Ξ  Α  Ρ  Έ  Ι  Δ  Μ  Η
Σ  Ύ  Ν  Α  Ψ  Η  Η  Δ  Α  Γ  Μ  Ι  Β  Ε  Ό  Λ
Ξ  Ν  ΄  Ί  Ν  Ψ  Χ  Β  Λ  Ό  Ό  Π  Η  Χ  Σ  Α
Ω  Σ  ¨  Μ  Σ  Ώ  Ω  Ο  Λ  Ν  Ν  Γ  Ε  Φ  Ω  Σ
Η  Γ  Ι  Ο  Υ  Ρ  Ρ  Ο  Ά  Ο  Η  Ί  Ξ  Υ  Μ  Τ
Π  Σ  Ε  Τ  Μ  Δ  Ό  Υ  Τ  Λ  Σ  Σ  Γ  Σ  Α  Ι
Τ  Ι  Τ  Α  Β  Δ  Τ  Ρ  Ε  Ε  Ω  Ν  Β  Ι  Ξ  Κ
Ν  Έ  Ω  Ν  Ί  Ο  Ε  Β  Μ  Ν  Μ  Ά  Π  Κ  Τ  Ό
Ί  Σ  Ρ  Α  Ω  Ρ  Π  Μ  Ο  Τ  Σ  Δ  Τ  Ή  Γ  Ν
Έ  Χ  Π  Ω  Σ  Β  Ρ  Έ  Έ  Ξ  Ό  Μ  Μ  Υ  Τ  Π
Λ  Ε  Ο  Σ  Η  Σ  Ε  Θ  Ν  Ύ  Σ  Ο  Τ  Ω  Φ  Μ
```

ΑΝΑΤΟΜΊΑ
ΧΡΩΜΌΣΩΜΑ
ΈΜΒΡΥΟ
ΈΝΖΥΜΟ
ΕΞΈΛΙΞΗ
ΟΡΜΌΝΗ
ΚΟΛΛΑΓΌΝΟ
ΜΕΤΆΛΛΑΞΗ
ΦΥΣΙΚΉ
ΝΕΎΡΟ

ΝΕΥΡΏΝΑ
ΌΣΜΩΣΗ
ΦΥΤΆ
ΦΩΤΟΣΎΝΘΕΣΗ
ΠΡΩΤΕΪΝΗ
ΕΡΠΕΤΌ
ΘΗΛΑΣΤΙΚΌ
ΣΥΜΒΊΩΣΗ
ΣΎΝΑΨΗ
ΚΕΛΊ

32 - Elektrizität

```
Λ  Ί  Η  Ψ  Λ  Ξ  Ξ  Β  Α  Τ  Η  Τ  Ό  Σ  Ο  Π
Ο  Έ  Ο  Γ  Ε  Ά  Ω  Β  Ί  Ν  Λ  Α  Ρ  Β  Ί  Τ
Έ  Ε  Ι  Τ  Δ  Η  Μ  Ο  Χ  Υ  Ε  Η  Σ  Τ  Ω  Σ
Η  Ξ  Γ  Ζ  Ε  Σ  Υ  Π  Τ  Ή  Κ  Ι  Τ  Ε  Θ  Υ
Ρ  Ο  Ε  Ω  Ε  Α  Υ  Η  Α  Ρ  Τ  Έ  Ο  Δ  Β  Ε
Α  Π  Ν  Η  Ν  Ρ  Σ  Δ  Ι  Σ  Ρ  Ο  Β  Ο  Μ  Π
Π  Λ  Ν  Ί  Λ  Ό  Χ  Ρ  Α  Χ  Ο  Π  Ρ  Ί  Ζ  Α
Ο  Ι  Ή  Ν  Π  Ε  Ο  Μ  Ι  Ν  Λ  Ψ  Ε  Ο  Δ  Ί
Θ  Σ  Τ  Α  Υ  Λ  Κ  Ρ  Σ  Ω  Ό  Β  Ω  Ρ  Σ  Ρ
Ή  Μ  Ρ  Σ  Π  Η  Α  Τ  Α  Λ  Γ  Έ  Ε  Χ  Η  Α
Κ  Ό  Ι  Δ  Ξ  Τ  Ν  Υ  Ρ  Α  Ο  Ν  Λ  Χ  Τ  Τ
Ε  Σ  Α  Ί  Β  Ο  Γ  Δ  Χ  Ι  Σ  Η  Ρ  Χ  Ή  Α
Υ  Χ  Ό  Κ  Ι  Τ  Η  Ν  Ρ  Α  Κ  Ν  Η  Ρ  Ν  Π
Σ  Έ  Ε  Τ  Κ  Α  Λ  Ώ  Δ  Ι  Α  Ή  Γ  Π  Γ  Μ
Η  Υ  Ψ  Υ  Α  Ν  Τ  Ι  Κ  Ε  Ί  Μ  Ε  Ν  Α  Β
Ξ  Ψ  Β  Ο  Κ  Α  Λ  Ώ  Δ  Ι  Ο  Ι  Ε  Υ  Μ  Υ
```

ΕΞΟΠΛΙΣΜΌΣ	ΛΆΜΠΑ
ΜΠΑΤΑΡΊΑ	ΛΈΙΖΕΡ
ΚΑΛΏΔΙΑ	ΜΑΓΝΉΤΗΣ
ΗΛΕΚΤΡΟΛΌΓΟΣ	ΠΟΣΌΤΗΤΑ
ΗΛΕΚΤΡΙΚΉ	ΑΡΝΗΤΙΚΌ
ΤΗΛΕΌΡΑΣΗ	ΔΊΚΤΥΟ
ΓΕΝΝΉΤΡΙΑ	ΑΝΤΙΚΕΊΜΕΝΑ
ΚΑΛΏΔΙΟ	ΘΕΤΙΚΉ
ΑΠΟΘΉΚΕΥΣΗ	ΠΡΊΖΑ

33 - Antarktis

```
Έ Ι Έ Ί Β Γ Σ Ή Τ Η Ν Υ Ε Ρ Ε Ω
Ο Η Ά Ι Λ Υ Ο Π Α Α Ο Θ Η Α Ξ Χ
Π Μ Γ Ν Η Ί Σ Ε Β Ω Λ Ε Σ Λ Ρ Ν
Τ Η Ι Η Λ Ε Η Ι Α Π Λ Ρ Υ Λ Μ Τ
Γ Υ Υ Σ Ο Δ Δ Ρ Σ Δ Ά Μ Ε Ψ Α Μ
Δ Η Σ Ι Ι Σ Ώ Ο Π Ν Β Ο Τ Τ Ί Δ
Δ Ψ Π Ά Ξ Τ Χ Σ Ν Ε Ι Κ Σ Μ Φ Τ
Τ Ο Π Ο Γ Ρ Α Φ Ί Α Ρ Ρ Ά Α Α Σ
Ι Δ Ι Α Τ Ή Ρ Η Σ Η Ε Α Ν Ε Ρ Ό
Ο Ρ Υ Κ Τ Ά Β Α Α Ί Π Σ Α Τ Γ Ρ
Μ Ο Σ Η Ν Ό Σ Ρ Ε Χ Υ Ί Τ Κ Ω Ι
Ε Ψ Τ Ε Κ Δ Ρ Ο Μ Ή Ο Α Ε Ό Ε Α
Ν Β Έ Η Β Β Τ Ε Γ Ρ Σ Δ Μ Λ Γ Κ
Ά Ω Α Γ Ρ Ξ Π Λ Β Ά Υ Β Β Π Μ Α
Ή Κ Ι Ν Ο Μ Η Τ Σ Ι Π Ε Ί Ο Ω Ξ
Χ Η Μ Δ Π Ε Ω Υ Έ Μ Υ Γ Τ Τ Π Σ
```

ΚΌΛΠΟ	ΜΕΤΑΝΆΣΤΕΥΣΗ
ΠΆΓΟΣ	ΟΡΥΚΤΆ
ΔΙΑΤΉΡΗΣΗ	ΘΕΡΜΟΚΡΑΣΊΑ
ΕΚΔΡΟΜΉ	ΤΟΠΟΓΡΑΦΊΑ
ΒΡΑΧΏΔΗΣ	ΠΕΡΙΒΆΛΛΟΝ
ΕΡΕΥΝΗΤΉΣ	ΠΟΥΛΙΆ
ΓΕΩΓΡΑΦΊΑ	ΝΕΡΌ
ΧΕΡΣΌΝΗΣΟ	ΚΑΙΡΌΣ
ΝΗΣΙΆ	ΆΝΕΜΟΙ
ΉΠΕΙΡΟΣ	ΕΠΙΣΤΗΜΟΝΙΚΉ

34 - Fahren

```
Τ  Α  Χ  Ύ  Η  Τ  Α  Ι  Ο  Π  Ι  Μ  Ν  Ξ  Κ
Τ  Β  Α  Π  Ο  Β  Ν  Λ  Γ  Λ  Σ  Μ  Μ  Α  Ν  Ι
Φ  Ρ  Έ  Ν  Α  Τ  Έ  Λ  Κ  Υ  Σ  Ο  Τ  Ο  Μ  Ν
Χ  Ν  Ί  Μ  Ο  Ε  Η  Ι  Ρ  Ω  Ν  Μ  Ι  Τ  Λ  Δ
Μ  Ά  Ή  Χ  Ο  Σ  Ο  Ρ  Π  Β  Ρ  Ι  Υ  Η  Ε  Ύ
Φ  Ψ  Ρ  Ο  Ξ  Τ  Έ  Ζ  Χ  Χ  Ί  Σ  Π  Ν  Ω  Ν
Ρ  Ο  Ά  Τ  Α  Σ  Έ  Ά  Έ  Μ  Ξ  Ύ  Ν  Ί  Φ  Ο
Σ  Ι  Ρ  Ξ  Η  Ε  Μ  Ρ  Τ  Έ  Σ  Α  Χ  Κ  Ο  Υ
Ή  Ρ  Ο  Τ  Χ  Έ  Σ  Α  Χ  Α  Β  Κ  Χ  Ο  Ρ  Α
Ρ  Έ  Φ  Ι  Η  Ω  Μ  Κ  Ά  Δ  Ε  Ι  Α  Τ  Ε  Ρ
Α  Α  Α  Ψ  Η  Γ  Η  Γ  Γ  Ί  Γ  Ί  Ρ  Υ  Ί  Χ
Γ  Ε  Τ  Μ  Ν  Ω  Ό  Α  Β  Ε  Ψ  Ω  Π  Α  Ο  Τ
Γ  Χ  Ε  Α  Σ  Τ  Υ  Ν  Ο  Μ  Ί  Α  Ρ  Ξ  Α  Χ
Α  Δ  Μ  Α  Σ  Φ  Ά  Λ  Ε  Ι  Α  Ε  Σ  Ί  Ω  Έ
Τ  Α  Τ  Ύ  Χ  Η  Μ  Α  Γ  Η  Τ  Σ  Χ  Ρ  Χ  Ί
Κ  Υ  Κ  Λ  Ο  Φ  Ο  Ρ  Ί  Α  Σ  Α  Δ  Σ  Γ  Ί
```

ΑΥΤΟΚΊΝΗΤΟ	ΦΟΡΤΗΓΟ
ΦΡΈΝΑ	ΜΟΤΈΡ
ΚΑΎΣΙΜΟ	ΜΟΤΟΣΥΚΛΈΤΑ
ΛΕΩΦΟΡΕΊΟ	ΑΣΤΥΝΟΜΊΑ
ΓΚΑΡΆΖ	ΑΣΦΆΛΕΙΑ
ΑΈΡΙΟ	ΜΕΤΑΦΟΡΆ
ΚΙΝΔΎΝΟΥ	ΣΉΡΑΓΓΑ
ΤΑΧΎΤΗΤΑ	ΑΤΎΧΗΜΑ
ΧΆΡΤΗ	ΚΥΚΛΟΦΟΡΊΑ
ΆΔΕΙΑ	ΠΡΟΣΟΧΉ

35 - Physik

```
Σ  Ε  Π  Ι  Τ  Ά  Χ  Υ  Ν  Σ  Η  Τ  Π  Ί  Μ  Η
Α  Χ  Ά  Τ  Ο  Μ  Ο  Η  Ψ  Σ  Ε  Α  Ε  Ν  Η  Σ
Δ  Ξ  Έ  Π  Γ  Ε  Α  Ρ  Ψ  Ψ  Ξ  Χ  Ί  Χ  Χ  Υ
Ψ  Π  Λ  Τ  Ε  Ο  Β  Έ  Χ  Ξ  Υ  Ύ  Ρ  Η  Α  Χ
Χ  Ν  Λ  Ο  Ι  Ο  Ι  Ν  Ψ  Π  Σ  Τ  Α  Γ  Ν  Ν
Α  Έ  Ρ  Ι  Ο  Κ  Ξ  Ή  Ν  Α  Χ  Η  Μ  Λ  Ι  Ό
Κ  Η  Ν  Ν  Χ  Π  Ό  Μ  Ά  Ζ  Α  Τ  Α  Ή  Κ  Τ
Α  Ρ  Ι  Ό  Η  Χ  Υ  Τ  Η  Σ  Λ  Α  Ι  Κ  Ή  Η
Θ  Υ  Π  Ρ  Μ  Υ  Ά  Κ  Η  Μ  Μ  Ό  Ρ  Ι  Ο  Τ
Ο  Χ  Έ  Τ  Ι  Ί  Γ  Ο  Ν  Τ  Χ  Ξ  Ε  Ν  Ο  Α
Λ  Ο  Υ  Κ  Κ  Η  Ξ  Β  Σ  Ό  Α  Λ  Υ  Η  Ο  Ω
Ι  Μ  Υ  Ε  Ή  Σ  Υ  Γ  Ο  Ο  Τ  Α  Ε  Ρ  Ι  Β
Κ  Γ  Δ  Λ  Ε  Ν  Ι  Χ  Π  Β  Ω  Η  Γ  Υ  Ί  Η
Ή  Ψ  Τ  Η  Ξ  Ι  Η  Γ  Ύ  Τ  Σ  Ί  Τ  Π  Μ  Μ
Η  Ι  Γ  Β  Ο  Ε  Σ  Η  Τ  Ο  Ω  Π  Μ  Α  Ρ  Β
Ρ  Μ  Ω  Σ  Ω  Μ  Α  Τ  Ί  Δ  Ι  Ο  Η  Δ  Ξ  Μ
```

ΆΤΟΜΟ	ΤΑΧΎΤΗΤΑ
ΕΠΙΤΆΧΥΝΣΗ	ΜΆΖΑ
ΧΆΟΣ	ΜΗΧΑΝΙΚΉ
ΧΗΜΙΚΉ	ΜΌΡΙΟ
ΠΥΚΝΌΤΗΤΑ	ΜΗΧΑΝΉ
ΗΛΕΚΤΡΌΝΙΟ	ΠΥΡΗΝΙΚΉ
ΠΕΊΡΑΜΑ	ΣΩΜΑΤΊΔΙΟ
ΤΎΠΟΣ	ΣΧΕΤΙΚΌΤΗΤΑ
ΣΥΧΝΌΤΗΤΑ	ΚΑΘΟΛΙΚΉ
ΑΈΡΙΟ	

36 - Bücher

```
Μ  Ξ  Σ  Μ  Β  Η  Ί  Β  Α  Η  Σ  Η  Ί  Ο  Π  Ι
Σ  Η  Τ  Σ  Ώ  Ν  Γ  Α  Ν  Α  Υ  Χ  Α  Π  Χ  Σ
Ω  Ε  Ή  Κ  Ι  Ν  Χ  Ε  Τ  Ο  Γ  Ο  Λ  Λ  Χ  Τ
Ή  Κ  Ι  Τ  Ε  Ρ  Υ  Ε  Φ  Ε  Γ  Α  Ρ  Α  Γ  Ο
Η  Μ  Ξ  Ρ  Ι  Ο  Χ  Α  Σ  Χ  Ρ  Λ  Β  Ί  Π  Ρ
Γ  Ρ  Ξ  Ε  Ά  Ί  Ή  Χ  Ψ  Β  Α  Ρ  Π  Σ  Π  Ί
Π  Ε  Ρ  Ι  Π  Έ  Τ  Ε  Ι  Α  Φ  Δ  Λ  Ι  Α  Α
Ι  Η  Σ  Έ  Λ  Έ  Π  Η  Ο  Ι  Έ  Μ  Ι  Ο  Ο  Τ
Έ  Σ  Ή  Τ  Β  Ψ  Α  Ι  Δ  Τ  Α  Λ  Π  Λ  Α  Τ
Ο  Ο  Τ  Σ  Σ  Ι  Ρ  Ω  Π  Ε  Σ  Π  Έ  Ξ  Ε  Ρ
Σ  Μ  Η  Ο  Υ  Ή  Γ  Ο  Λ  Λ  Υ  Σ  Η  Ι  Ν  Σ
Ι  Η  Γ  Δ  Ρ  Κ  Λ  Π  Ο  Ί  Η  Μ  Α  Έ  Ρ  Ι
Σ  Ξ  Η  Γ  Ε  Ι  Τ  Ρ  Α  Γ  Ι  Κ  Ή  Λ  Ε  Δ
Ψ  Λ  Φ  Ο  Η  Π  Κ  Ί  Χ  Ω  Ο  Ξ  Έ  Η  Π  Ξ
Σ  Π  Α  Π  Ε  Ε  Υ  Ό  Ξ  Γ  Ρ  Λ  Τ  Ψ  Ψ  Α
Χ  Ι  Ο  Υ  Μ  Ο  Ρ  Ι  Σ  Τ  Ι  Κ  Ό  Λ  Σ  Ρ
```

ΠΕΡΙΠΈΤΕΙΑ	ΧΙΟΥΜΟΡΙΣΤΙΚΌ
ΣΥΓΓΡΑΦΈΑΣ	ΣΥΛΛΟΓΉ
ΕΠΙΚΉ	ΠΛΑΊΣΙΟ
ΕΦΕΥΡΕΤΙΚΉ	ΑΝΑΓΝΏΣΤΗΣ
ΑΦΗΓΗΤΉΣ	ΛΟΓΟΤΕΧΝΙΚΉ
ΠΟΊΗΜΑ	ΠΟΊΗΣΗ
ΙΣΤΟΡΊΑ	ΣΕΛΊΔΑ
ΓΡΑΠΤΉ	ΣΕΙΡΆ
ΙΣΤΟΡΙΚΌ	ΤΡΑΓΙΚΉ

37 - Menschlicher Körper

```
Δ  Χ  Α  Μ  Π  Μ  Ρ  Β  Γ  Έ  Ε  Ω  Λ  Ξ  Α  Ι
Τ  Ρ  Λ  Ι  Ν  Ύ  Ο  Γ  Η  Π  Α  Η  Ν  Σ  Β
Β  Γ  Ρ  Π  Γ  Η  Ί  Ψ  Ό  Τ  Σ  Ν  Ί  Α  Τ  Ί
Ψ  Ν  Τ  Η  Ί  Χ  Α  Ε  Ν  Ύ  Λ  Η  Α  Υ  Ρ  Λ
Π  Ό  Δ  Ι  Α  Λ  Β  Π  Α  Μ  Ρ  Έ  Δ  Τ  Ά  Ο
Γ  Λ  Ώ  Σ  Σ  Α  Ο  Ω  Τ  Ν  Τ  Π  Ο  Ί  Γ  Ρ
Ε  Λ  Κ  Ε  Φ  Ά  Λ  Ι  Ο  Μ  Ώ  Ω  Β  Ι  Α  Υ
Ρ  Π  Ί  Μ  Α  Υ  Ρ  Π  Ε  Σ  Κ  Τ  Ε  Λ  Ψ
Ώ  Μ  Ο  Σ  Λ  Μ  Τ  Έ  Ω  Ο  Ε  Γ  Γ  Α  Ο  Λ
Σ  Ί  Ι  Π  Σ  Ό  Χ  Χ  Σ  Ι  Ο  Χ  Ι  Α  Σ  Σ
Σ  Α  Η  Ι  Α  Τ  Ά  Σ  Ό  Μ  Ι  Α  Λ  Ί  Ξ  Μ
Ξ  Ί  Γ  Ρ  Υ  Σ  Δ  Ψ  Ρ  Υ  Υ  Λ  Β  Ψ  Λ  Μ
Έ  Ε  Ω  Ό  Γ  Ί  Ι  Ψ  Π  Μ  Τ  Α  Ε  Σ  Ί  Ω
Χ  Ε  Ξ  Τ  Ν  Η  Έ  Α  Έ  Έ  Β  Ί  Λ  Υ  Π  Μ
Σ  Λ  Ν  Υ  Ά  Ι  Δ  Ρ  Α  Κ  Ν  Π  Η  Ό  Έ  Ψ
Σ  Χ  Ε  Δ  Π  Μ  Ί  Έ  Ψ  Δ  Α  Σ  Η  Έ  Ί  Ι
```

ΠΌΔΙ	ΣΑΓΌΝΙ
ΑΊΜΑ	ΠΗΓΟΎΝΙ
ΑΓΚΏΝΑ	ΓΌΝΑΤΟ
ΔΆΧΤΥΛΟ	ΑΣΤΡΆΓΑΛΟΣ
ΜΥΑΛΌ	ΚΕΦΆΛΙ
ΠΡΌΣΩΠΟ	ΣΤΌΜΑ
ΛΑΙΜΌΣ	ΜΎΤΗ
ΧΈΡΙ	ΑΥΤΊ
ΔΈΡΜΑ	ΏΜΟΣ
ΚΑΡΔΙΆ	ΓΛΏΣΣΑ

38 - Agronomie

```
Π  Α  Σ  Θ  Έ  Ν  Ε  Ι  Α  Ί  Γ  Ρ  Ω  Ε  Γ  Β
Έ  Ε  Ε  Π  Ι  Σ  Τ  Ή  Μ  Η  Ο  Ν  Λ  Π  Χ  Ι
Λ  Ό  Ρ  Ε  Ν  Τ  Ο  Μ  Ξ  Ί  Ο  Μ  Ξ  Β  Έ  Ο
Ξ  Π  Ί  Ι  Ψ  Σ  Ε  Ε  Χ  Π  Ν  Γ  Ν  Χ  Α  Λ
Μ  Χ  Α  Ω  Β  Υ  Ε  Χ  Η  Ρ  Η  Ί  Α  Δ  Χ  Ο
Λ  Ε  Χ  Ρ  Ν  Ά  Κ  Ι  Ν  Α  Χ  Α  Λ  Έ  Ω  Γ
Ί  Δ  Λ  Έ  Α  Δ  Λ  Δ  Ε  Ν  Β  Α  Ρ  Μ  Ι  Ι
Π  Ι  Ο  Έ  Α  Γ  Ψ  Λ  Ε  Ω  Σ  Ν  Β  Η  Η  Κ
Α  Ά  Ι  Ε  Τ  Χ  Ω  Ω  Ο  Ξ  Α  Ί  Χ  Ξ  Σ  Ή
Σ  Β  Κ  Ε  Ο  Η  Τ  Γ  Β  Ν  Έ  Ρ  Ε  Υ  Ν  Α
Μ  Ρ  Ο  Ί  Ε  Μ  Λ  Α  Ή  Έ  Π  Φ  Β  Τ  Α  Μ
Α  Ω  Λ  Ή  Κ  Ι  Τ  Ο  Ρ  Γ  Α  Υ  Γ  Π  Π  Η
Ν  Σ  Ο  Α  Χ  Σ  Α  Λ  Ψ  Σ  Π  Τ  Σ  Ά  Ύ  Τ
Ι  Η  Γ  Ψ  Ψ  Ώ  Ω  Β  Α  Α  Ψ  Ά  Λ  Ν  Ρ  Σ
Ρ  Ψ  Ί  Μ  Μ  Ι  Δ  Έ  Π  Ε  Μ  Έ  Ν  Α  Ω  Ύ
Ξ  Α  Α  Π  Χ  Β  Ε  Ν  Έ  Ρ  Γ  Ε  Ι  Α  Ω  Σ
```

ΛΊΠΑΣΜΑ	ΟΙΚΟΛΟΓΊΑ
ΕΝΈΡΓΕΙΑ	ΦΥΤΆ
ΔΙΆΒΡΩΣΗ	ΠΑΡΑΓΩΓΉ
ΈΡΕΥΝΑ	ΜΕΛΈΤΗ
ΛΑΧΑΝΙΚΆ	ΣΎΣΤΗΜΑ
ΑΣΘΈΝΕΙΑ	ΠΕΡΙΒΆΛΛΟΝ
ΓΕΩΡΓΊΑ	ΡΎΠΑΝΣΗ
ΑΓΡΟΤΙΚΉ	ΑΝΆΠΤΥΞΗ
ΒΙΏΣΙΜΗ	ΝΕΡΌ
ΒΙΟΛΟΓΙΚΉ	ΕΠΙΣΤΉΜΗ

39 - Landschaften

```
Κ  Υ  Ρ  Έ  Ο  Ω  Γ  Π  Π  Π  Π  Ο  Ω  Ι  Π  Β
Ο  Ο  Φ  Ό  Λ  Ω  Π  Α  Ε  Α  Α  Γ  Ψ  Έ  Ω  Ρ
Μ  Υ  Ι  Ρ  Λ  Ο  Μ  Γ  Υ  Γ  Ρ  Α  Η  Η  Λ  Π
Έ  Χ  Ί  Λ  Ο  Λ  Η  Ε  Ξ  Ό  Α  Ε  Μ  Φ  Χ  Ξ
Ί  Χ  Ί  Σ  Ά  Ε  Μ  Τ  Α  Β  Λ  Ρ  Ί  Α  Γ  Ί
Τ  Ε  Σ  Ο  Μ  Δ  Τ  Ώ  Σ  Ο  Ί  Ή  Υ  Ί  Χ  Η
Λ  Ρ  Η  Π  Ν  Ι  Α  Ν  Σ  Υ  Α  Μ  Η  Σ  Ψ  Ψ
Μ  Σ  Ν  Λ  Ή  Α  Ο  Α  Α  Ν  Σ  Ο  Τ  Τ  Γ  Ί
Π  Ό  Ω  Ό  Ψ  Λ  Ξ  Σ  Λ  Ο  Σ  Υ  Κ  Ε  Ι  Υ
Χ  Ν  Η  Κ  Υ  Ε  Α  Μ  Ά  Σ  Α  Χ  Ά  Ι  Ι  Ψ
Σ  Η  Ν  Μ  Ί  Λ  Ρ  Ι  Θ  Σ  Λ  Χ  Ρ  Ο  Β  Υ
Δ  Σ  Ό  Α  Ψ  Β  Δ  Υ  Ο  Η  Ά  Μ  Ρ  Σ  Ε  Ο
Τ  Ο  Ν  Α  Δ  Ν  Ν  Ω  Ν  Α  Θ  Π  Α  Ω  Ε  Ν
Ν  Ί  Υ  Ω  Σ  Δ  Ύ  Σ  Μ  Β  Ά  Λ  Τ  Ο  Σ  Ξ
Ί  Υ  Ο  Ω  Δ  Η  Ο  Β  Ι  Σ  Ό  Μ  Α  Τ  Ο  Π
Σ  Γ  Β  Δ  Ί  Χ  Τ  Ι  Λ  Η  Σ  Σ  Κ  Δ  Γ  Γ
```

ΒΟΥΝΌ
ΠΑΓΟΒΟΥΝΟ
ΠΟΤΑΜΌΣ
ΠΑΓΕΤΏΝΑΣ
ΚΌΛΠΟΣ
ΧΕΡΣΌΝΗΣΟ
ΣΠΉΛΑΙΟ
ΛΌΦΟ
ΝΗΣΊ
ΛΙΜΝΟΘΆΛΑΣΣΑ

ΘΆΛΑΣΣΑ
ΌΑΣΗ
ΛΊΜΝΗ
ΠΑΡΑΛΊΑ
ΒΆΛΤΟΣ
ΚΟΙΛΆΔΑ
ΤΟΎΝΔΡΑ
ΗΦΑΊΣΤΕΙΟ
ΚΑΤΑΡΡΆΚΤΗ
ΕΡΉΜΟΥ

40 - Abenteuer

```
Ψ  Ο  Π  Μ  Δ  Λ  Ε  Α  Ε  Κ  Δ  Ρ  Ο  Μ  Ή  Ε
Ν  Β  Α  Ρ  Ρ  Φ  Ν  Η  Σ  Ί  Δ  Ξ  Ι  Π  Σ  Π
Α  Δ  Ρ  Δ  Α  Ύ  Θ  Υ  Μ  Φ  Ο  Β  Μ  Ί  Λ  Ι
Υ  Μ  Α  Ί  Σ  Σ  Ο  Χ  Λ  Ο  Ά  Έ  Ρ  Χ  Μ  Κ
Ω  Μ  Σ  Ω  Τ  Η  Υ  Ξ  Γ  Ε  Ξ  Λ  Τ  Ω  Β  Ί
Ρ  Π  Κ  Ο  Η  Α  Σ  Ν  Ν  Μ  Π  Ω  Ε  Λ  Π  Ν
Δ  Λ  Ε  Σ  Ρ  Π  Ι  Ο  Λ  Ί  Φ  Ξ  Ν  Ι  Ρ  Δ
Ρ  Ο  Υ  Α  Ι  Λ  Α  Ί  Λ  Ο  Κ  Σ  Υ  Δ  Α  Υ
Ο  Ή  Ή  Ο  Ό  Π  Σ  Ε  Υ  Κ  Α  Ι  Ρ  Ί  Α  Ν
Μ  Γ  Π  Μ  Τ  Ρ  Μ  Τ  Τ  Έ  Χ  Ρ  Σ  Υ  Δ  Ο
Ο  Η  Α  Ο  Η  Ι  Ό  Έ  Χ  Α  Μ  Π  Σ  Έ  Τ  Τ
Λ  Σ  Η  Ρ  Τ  Τ  Σ  Ε  Η  Έ  Ξ  Σ  Η  Σ  Β  Ν
Ό  Η  Β  Φ  Α  Ν  Έ  Π  Ο  Β  Έ  Ί  Λ  Μ  Τ  Ξ
Γ  Ρ  Η  Ι  Χ  Μ  Έ  Η  Ί  Ρ  Ψ  Έ  Δ  Δ  Ψ  Β
Ι  Έ  Ξ  Ά  Χ  Τ  Έ  Α  Έ  Μ  Ί  Π  Ξ  Ι  Β  Π
Ο  Τ  Σ  Ι  Θ  Ή  Ν  Υ  Σ  Α  Χ  Α  Ρ  Ά  Ν  Η
```

ΔΡΑΣΤΗΡΙΌΤΗΤΑ   ΝΈΑ
ΕΚΔΡΟΜΉ   ΤΑΞΊΔΙ
ΕΝΘΟΥΣΙΑΣΜΌΣ   ΔΡΟΜΟΛΌΓΙΟ
ΕΥΚΑΙΡΊΑ   ΟΜΟΡΦΙΆ
ΧΑΡΆ   ΔΥΣΚΟΛΊΑ
ΦΊΛΟΙ   ΑΣΦΆΛΕΙΑ
ΕΠΙΚΊΝΔΥΝΟ   ΑΣΥΝΉΘΙΣΤΟ
ΦΎΣΗ   ΠΑΡΑΣΚΕΥΉ
ΠΛΟΉΓΗΣΗ

41 - Flugzeuge

```
Α  Μ  Ε  Ί  Β  Δ  Ψ  Π  Ε  Ε  Β  Ί  Μ  Ί  Χ  Ε
Τ  Ο  Τ  Τ  Ί  Ή  Υ  Ε  Κ  Σ  Α  Τ  Α  Κ  Ξ  Λ
Μ  Γ  Χ  Υ  Ι  Α  Ί  Ρ  Ο  Τ  Σ  Ι  Σ  Ρ  Ω  Γ
Ό  Υ  Τ  Η  Τ  Ά  Β  Ι  Π  Ε  Ν  Ξ  Μ  Ν  Ρ  Ρ
Σ  Έ  Τ  Η  Ε  Ν  Υ  Π  Ο  Μ  Ι  Σ  Ύ  Α  Κ  Δ
Φ  Α  Λ  Α  Ψ  Π  Δ  Έ  Χ  Η  Ν  Η  Ψ  Μ  Π  Σ
Α  Σ  Υ  Ι  Δ  Ή  Ρ  Τ  Κ  Α  Τ  Α  Γ  Ω  Γ  Ή
Ι  Χ  Ί  Ν  Κ  Χ  Ο  Ε  Π  Π  Ν  Ω  Ψ  Ρ  Δ  Ν
Ρ  Ί  Π  Ό  Ι  Α  Γ  Ι  Π  Ι  Μ  Η  Ν  Ή  Σ  Α
Α  Ε  Ω  Λ  Ω  Ρ  Ό  Α  Τ  Ε  Λ  Λ  Π  Λ  Ό  Χ
Β  Δ  Ξ  Α  Γ  Α  Ν  Έ  Β  Τ  Δ  Ο  Έ  Π  Ρ  Η
Ι  Υ  Β  Π  Ν  Τ  Ο  Π  Μ  Έ  Υ  Ι  Τ  Ε  Ι  Μ
Χ  Ω  Π  Μ  Ψ  Α  Γ  Ω  Υ  Μ  Ω  Δ  Ω  Ι  Α  Ψ
Υ  Ν  Ξ  Ο  Ξ  Ν  Ο  Α  Ί  Ψ  Γ  Έ  Ω  Σ  Κ  Τ
Υ  Χ  Σ  Ό  Ν  Α  Ρ  Υ  Ο  Ε  Ο  Χ  Δ  Ο  Υ  Ή
Φ  Ο  Υ  Σ  Κ  Ώ  Ν  Ο  Υ  Ν  Έ  Σ  Α  Ρ  Έ  Α
```

ΠΕΡΙΠΈΤΕΙΑ	ΥΨΟΣ
ΚΑΤΑΓΩΓΉ	ΚΑΤΑΣΚΕΥΉ
ΑΤΜΌΣΦΑΙΡΑ	ΑΈΡΑΣ
ΦΟΥΣΚΏΝΟΥΝ	ΜΗΧΑΝΉ
ΜΠΑΛΌΝΙ	ΕΠΙΒΆΤΗ
ΚΑΎΣΙΜΟ	ΠΙΛΟΤΙΚΉ
ΠΛΉΡΩΜΑ	ΈΛΙΚΑ
ΣΧΈΔΙΟ	ΑΝΑΤΑΡΑΧΉ
ΙΣΤΟΡΊΑ	ΥΔΡΟΓΌΝΟ
ΟΥΡΑΝΌΣ	ΚΑΙΡΌΣ

42 - Haartypen

```
Σ  Λ  Γ  Ξ  Π  Ξ  Α  Ο  Η  Λ  Λ  Ί  Γ  Π  Γ  Β
Ω  Γ  Ε  Η  Η  Γ  Σ  Μ  Μ  Ι  Χ  Ι  Β  Ν  Γ  Ψ
Α  Σ  Ι  Ρ  Κ  Γ  Η  Π  Έ  Α  Ξ  Μ  Έ  Τ  Ρ  Α
Ί  Ί  Ί  Ό  Σ  Έ  Μ  Ο  Ρ  Τ  Λ  Λ  Π  Μ  Ψ  Υ
Β  Ψ  Ρ  Τ  Ψ  Χ  Έ  Ύ  Τ  Κ  Ι  Ή  Τ  Π  Ε  Λ
Ω  Ο  Ν  Δ  Ο  Υ  Ν  Κ  Α  Ο  Ρ  Ω  Π  Ε  Τ  Π
Σ  Γ  Ο  Υ  Ρ  Ά  Ι  Λ  Γ  Ν  Ρ  Ι  Ψ  Έ  Ρ  Χ
Τ  Γ  Π  Τ  Ρ  Ψ  Ο  Ε  Ω  Τ  Ε  Ύ  Χ  Α  Π  Έ
Π  Υ  Ψ  Ο  Η  Ω  Υ  Σ  Σ  Ό  Ρ  Κ  Α  Λ  Α  Φ
Σ  Μ  Ρ  Ι  Χ  Β  Δ  Ω  Α  Ξ  Δ  Υ  Β  Μ  Π  Α
Ξ  Α  Α  Ό  Ν  Ι  Μ  Υ  Γ  Ι  Ή  Χ  Δ  Ω  Έ  Κ
Α  Β  Ν  Κ  Μ  Ι  Ο  Ι  Ί  Ι  Τ  Υ  Η  Τ  Ο  Μ
Ν  Η  Γ  Υ  Ρ  Σ  Ε  Ο  Μ  Α  Λ  Α  Κ  Ό  Η  Μ
Θ  Γ  Σ  Ε  Η  Ύ  Π  Λ  Ε  Γ  Μ  Έ  Ν  Ο  Τ  Ο
Ά  Ν  Ξ  Λ  Λ  Α  Μ  Π  Ε  Ρ  Ά  Γ  Π  Ω  Τ  Δ
Ξ  Β  Χ  Ξ  Π  Ξ  Ψ  Π  Λ  Ε  Ξ  Ο  Ύ  Δ  Ε  Σ
```

ΞΑΝΘΆ	ΚΟΝΤΌ
ΚΑΦΈ	ΜΑΚΡΎ
ΠΑΧΎ	ΜΠΟΎΚΛΕΣ
ΛΕΠΤΉ	ΣΓΟΥΡΆ
ΠΛΕΓΜΈΝΟ	ΜΑΎΡΟ
ΥΓΙΉ	ΑΣΗΜΈΝΙΟ
ΟΜΑΛΉ	ΞΗΡΌ
ΛΑΜΠΕΡΆ	ΜΑΛΑΚΌ
ΓΚΡΙ	ΛΕΥΚΌ
ΦΑΛΑΚΡΌΣ	ΠΛΕΞΟΎΔΕΣ

43 - Essen #1

```
Α  Μ  Α  Ι  Ε  Ρ  Ψ  Ψ  Σ  Ψ  Ε  Ρ  Ι  Ξ  Τ  Ο
Β  Ί  Α  Ο  Δ  Η  Έ  Ψ  Η  Ω  Μ  Ρ  Ο  Ψ  Β  Υ
Κ  Σ  Δ  Ψ  Ξ  Μ  Λ  Β  Δ  Ξ  Π  Β  Π  Υ  Τ  Π
Ι  Α  Ί  Δ  Α  Λ  Μ  Ο  Ξ  Κ  Μ  Έ  Ε  Π  Δ  Β
Ψ  Χ  Ν  Α  Τ  Π  Τ  Ψ  Ξ  Ρ  Η  Τ  Η  Η  Ί  Α
Β  Α  Χ  Έ  Ά  Χ  Χ  Γ  Ξ  Έ  Ρ  Ο  Ρ  Π  Ο  Λ
Τ  Α  Τ  Τ  Λ  Ί  Λ  Π  Ξ  Α  Έ  Δ  Ι  Ι  Η  Σ
Ζ  Λ  Σ  Σ  Α  Α  Ρ  Η  Α  Σ  Ό  Μ  Υ  Χ  Ρ  Σ
Ν  Ά  Ψ  Ι  Σ  Π  Α  Ν  Ά  Κ  Ι  Τ  Ά  Λ  Α  Ο
Τ  Γ  Χ  Τ  Λ  Γ  Φ  Ρ  Ά  Ο  Υ  Λ  Α  Ι  Ί  Ύ
Τ  Ρ  Γ  Α  Ω  Ι  Ω  Χ  Ι  Λ  Ε  Μ  Ό  Ν  Ι  Π
Ε  Ο  Τ  Ό  Ρ  Α  Κ  Γ  Ο  Γ  Γ  Ύ  Λ  Ι  Δ  Α
Τ  Ό  Ν  Ο  Σ  Η  Ε  Ο  Σ  Κ  Ό  Ρ  Δ  Ο  Ά  Ω
Φ  Ι  Σ  Τ  Ί  Κ  Ι  Β  Ύ  Ί  Ε  Μ  Έ  Ι  Λ  Λ
Κ  Ρ  Ε  Μ  Μ  Ύ  Δ  Ι  Α  Υ  Π  Π  Ε  Ι  Χ  Λ
Υ  Γ  Ω  Ω  Λ  Χ  Ω  Ί  Ξ  Κ  Α  Φ  Έ  Δ  Α  Ί
```

ΒΑΣΙΛΙΚΟΎ	ΧΥΜΌΣ
ΑΧΛΆΔΙ	ΣΑΛΆΤΑ
ΦΡΆΟΥΛΑ	ΑΛΆΤΙ
ΦΙΣΤΊΚΙ	ΣΠΑΝΆΚΙ
ΚΡΈΑΣ	ΣΟΎΠΑ
ΚΑΦΈ	ΤΌΝΟΣ
ΚΑΡΌΤΟ	ΚΑΝΈΛΑ
ΣΚΌΡΔΟ	ΛΕΜΌΝΙ
ΓΆΛΑ	ΖΆΧΑΡΗ
ΓΟΓΓΎΛΙ	ΚΡΕΜΜΎΔΙ

44 - Ethik

```
Ε  Δ  Σ  Ο  Μ  Σ  Ι  Λ  Α  Ε  Ρ  Ε  Έ  Γ  Υ  Γ
Δ  Ι  Γ  Τ  Υ  Σ  Ο  Τ  Τ  Η  Ι  Σ  Χ  Ι  Π  Ρ
Η  Ί  Λ  Ν  Μ  Ρ  Ρ  Λ  Η  Ψ  Β  Α  Ί  Φ  Ο  Δ
Ν  Ν  Ξ  Ι  Τ  Ν  Υ  Ω  Τ  Ρ  Ω  Σ  Ξ  Ι  Μ  Ι
Έ  Ω  Δ  Τ  Κ  Έ  Λ  Ω  Ό  Σ  Ψ  Ό  Υ  Λ  Ο  Π
Α  Ι  Ε  Π  Έ  Ρ  Π  Ο  Ι  Ξ  Α  Μ  Δ  Ο  Ν  Λ
Σ  Ε  Ι  Ξ  Α  Δ  Ί  Ί  Α  Τ  Β  Σ  Ο  Σ  Ή  Ω
Ο  Μ  Ί  Ν  Ψ  Β  Ψ  Ν  Ρ  Γ  Μ  Ι  Γ  Ο  Σ  Μ
Φ  Γ  Π  Ψ  Ί  Ω  Έ  Γ  Ε  Σ  Ο  Υ  Ο  Φ  Υ  Α
Ί  Ι  Α  Α  Τ  Η  Τ  Ό  Κ  Ι  Γ  Ο  Λ  Ί  Μ  Τ
Α  Π  Ί  Π  Σ  Τ  Τ  Λ  Α  Ο  Α  Ρ  Ύ  Α  Π  Ι
Α  Τ  Ο  Μ  Ι  Κ  Ι  Σ  Μ  Ό  Σ  Τ  Ε  Υ  Ό  Κ
Μ  Ί  Ν  Ψ  Χ  Η  Ν  Ύ  Σ  Ο  Λ  Α  Κ  Ν  Ό
Α  Τ  Η  Τ  Ό  Κ  Ι  Τ  Κ  Ε  Ν  Α  Ρ  Α  Ι  Ε
Α  Ν  Θ  Ρ  Ω  Π  Ό  Τ  Η  Τ  Α  Ι  Ν  Τ  Α  Μ
Χ  Ε  Έ  Α  Α  Ι  Σ  Ι  Ο  Δ  Ο  Ξ  Ί  Α  Τ  Ω
```

ΑΛΤΡΟΥΙΣΜΌΣ	ΑΙΣΙΟΔΟΞΊΑ
ΔΙΠΛΩΜΑΤΙΚΌ	ΦΙΛΟΣΟΦΊΑ
ΕΙΛΙΚΡΊΝΕΙΑ	ΛΟΓΙΚΌΤΗΤΑ
ΚΑΛΟΣΎΝΗ	ΡΕΑΛΙΣΜΟΣ
ΥΠΟΜΟΝΉ	ΑΝΕΚΤΙΚΌΤΗΤΑ
ΑΤΟΜΙΚΙΣΜΌΣ	ΕΎΛΟΓΟ
ΑΚΕΡΑΙΌΤΗΤΑ	ΣΟΦΊΑ
ΑΝΘΡΩΠΌΤΗΤΑ	ΑΞΙΕΣ
ΣΥΜΠΌΝΙΑ	ΑΞΙΟΠΡΈΠΕΙΑ

45 - Gebäude

```
Ι  Β  Τ  Ο  Ί  Θ  Ε  Ι  Η  Χ  Γ  Η  Ψ  Χ  Τ  Ο
Γ  Γ  Έ  Ρ  Ω  Έ  Α  Δ  Τ  Τ  Μ  Κ  Μ  Ι  Α  Δ
Λ  Μ  Ο  Ρ  Ι  Α  Ν  Ί  Π  Μ  Α  Κ  Α  Ω  Δ  Υ
Β  Ω  Α  Μ  Η  Τ  Κ  Ό  Ρ  Γ  Α  Ρ  Λ  Ρ  Γ  Σ
Β  Ο  Ξ  Δ  Μ  Ρ  Ί  Ξ  Γ  Ι  Έ  Β  Λ  Ά  Σ
Μ  Ί  Ψ  Ε  Η  Ο  Ι  Π  Α  Π  Έ  Ι  Π  Π  Ι  Ζ
Ά  Ε  Π  Ι  Ν  Χ  Χ  Χ  Σ  Ο  Γ  Ρ  Ύ  Π  Ο  Τ
Ρ  Σ  Έ  Ξ  Γ  Ώ  Ξ  Ε  Ν  Ο  Δ  Ο  Χ  Ε  Ί  Ο
Κ  Υ  Υ  Τ  Γ  Ω  Ν  Σ  Κ  Η  Ν  Ή  Γ  Σ  Ε  Ι
Ε  Ο  Ι  Ρ  Ή  Τ  Σ  Α  Γ  Ρ  Ε  Έ  Ν  Α  Μ  Δ
Τ  Μ  Έ  Ο  Ι  Σ  Ά  Τ  Σ  Ο  Γ  Ρ  Ε  Χ  Ο  Ά
Π  Α  Ρ  Α  Τ  Η  Ρ  Η  Τ  Ή  Ρ  Ι  Ο  Υ  Κ  Τ
Υ  Σ  Χ  Ο  Λ  Ε  Ί  Ο  Υ  Σ  Ι  Ν  Γ  Ρ  Ο  Σ
Π  Α  Ν  Ε  Π  Ι  Σ  Τ  Ή  Μ  Ι  Ο  Μ  Ώ  Σ  Ψ
Ί  Χ  Σ  Σ  Ψ  Π  Ρ  Ε  Σ  Β  Ε  Ί  Α  Ν  Ο  Γ
Ρ  Λ  Σ  Ί  Χ  Η  Έ  Η  Γ  Ξ  Ρ  Α  Ω  Α  Ν  Η
```

ΑΓΡΌΚΤΗΜΑ	ΜΟΥΣΕΊΟ
ΠΡΕΣΒΕΊΑ	ΠΑΡΑΤΗΡΗΤΉΡΙΟ
ΕΡΓΟΣΤΆΣΙΟ	ΑΧΥΡΏΝΑ
ΓΚΑΡΆΖ	ΣΧΟΛΕΊΟ
ΣΠΊΤΙ	ΣΤΆΔΙΟ
ΞΕΝΏΝΑΣ	ΜΆΡΚΕΤ
ΞΕΝΟΔΟΧΕΊΟ	ΘΈΑΤΡΟ
ΚΑΜΠΊΝΑ	ΠΎΡΓΟΣ
ΝΟΣΟΚΟΜΕΊΟ	ΠΑΝΕΠΙΣΤΉΜΙΟ
ΕΡΓΑΣΤΉΡΙΟ	ΣΚΗΝΉ

46 - Mode

```
Ι  Ό  Ψ  Μ  Ο  Κ  Ί  Τ  Υ  Ο  Π  Μ  Χ  Ε  Ε  Δ
Ή  Κ  Ι  Τ  Κ  Α  Ρ  Π  Σ  Τ  Α  Π  Λ  Ό  Σ  Α
Σ  Ι  Ξ  Υ  Γ  Ω  Μ  Λ  Δ  Ε  Σ  Χ  Ο  Ο  Λ  Ο
Ή  Τ  Ι  Σ  Ο  Ρ  Π  Η  Έ  Ν  Έ  Λ  Ψ  Έ  Έ  Π
Ο  Σ  Υ  Έ  Χ  Δ  Μ  Μ  Τ  Ά  Ύ  Φ  Α  Σ  Μ  Α
Τ  Ι  Γ  Λ  Ε  Τ  Ρ  Η  Δ  Ν  Ξ  Χ  Ξ  Ί  Χ  Π
Ν  Λ  Β  Η  Τ  Ί  Ξ  Η  Ή  Α  Έ  Ο  Π  Ν  Ξ  Χ
Ί  Α  Ά  Ι  Π  Μ  Υ  Ο  Κ  Χ  Ε  Κ  Η  Τ  Η  Ψ
Ο  Μ  Β  Σ  Χ  Χ  Β  Χ  Ι  Γ  Ε  Μ  Λ  Ά  Χ  Τ
Ξ  Ι  Ι  Σ  Ρ  Ν  Π  Έ  Χ  Π  Ο  Ω  Α  Σ  Ρ  Τ
Ο  Ν  Ρ  Έ  Τ  Ν  Ο  Μ  Ρ  Β  Α  Ρ  Υ  Η  Ι  Π
Β  Ι  Κ  Τ  Β  Μ  Π  Π  Α  Χ  Ω  Ε  Φ  Ψ  Ψ  Δ
Ί  Μ  Α  Λ  Έ  Τ  Ν  Α  Δ  Ο  Ψ  Σ  Ή  Β  Μ  Ν
Τ  Ν  Γ  Ι  Έ  Μ  Η  Ι  Έ  Σ  Ο  Ι  Χ  Ρ  Ν  Α
Ο  Γ  Β  Τ  Σ  Ψ  Β  Ι  Υ  Ι  Σ  Β  Ί  Χ  Έ  Ψ
Μ  Λ  Υ  Ε  Ψ  Υ  Σ  Ο  Υ  Ν  Σ  Ι  Ε  Η  Υ  Π
```

ΜΈΤΡΙΟ
ΜΠΟΥΤΊΚ
ΑΠΛΌΣ
ΚΟΜΨΌ
ΠΡΟΣΙΤΉ
ΆΝΕΤΟ
ΜΙΝΙΜΑΛΙΣΤΙΚΌ
ΜΟΝΤΈΡΝΟ
ΜΟΤΊΒΟ
ΑΡΧΙΚΉ

ΠΡΑΚΤΙΚΉ
ΔΑΝΤΈΛΑ
ΚΈΝΤΗΜΑ
ΣΤΥΛ
ΎΦΑΣΜΑ
ΚΟΥΜΠΙΆ
ΑΚΡΙΒΆ
ΥΦΉ
ΤΆΣΗ

47 - Angeln

```
Λ Μ Ρ Ο Μ Ο Ρ Τ Σ Ι Κ Γ Ά Ι Μ Ψ
Τ Π Ο Χ Π Β Σ Β Έ Α Ε Η Χ Χ Β
Έ Μ Ο Η Γ Ω Ξ Α Μ Ω Λ Ό Δ Σ Γ Ρ
Ν Ξ Π Ω Ί Ρ Χ Γ Η Π Ά Ρ Μ Μ Υ Λ
Α Ο Έ Έ Ζ Υ Λ Ό Ψ Ο Θ Ε Σ Ε Δ Ω
Π Α Ρ Α Λ Ί Α Ν Α Τ Ι Ν Ό Ή Η Ι
Σ Ύ Ρ Μ Α Ε Γ Ι Ί Α Λ Ί Μ Ν Η Β
Δ Ρ Έ Μ Έ Λ Υ Β Μ Η Ν Σ Ο Τ Ρ
Π Έ Γ Τ Η Ξ Μ Λ Ζ Ό Ί Ι Μ Ψ Ά
Υ Τ Π Ί Α Σ Ή Ω Α Σ Χ Γ Λ Ο Ρ Γ
Μ Ι Ε Α Σ Μ Χ Χ Κ Σ Ε Ω Π Π Ξ Χ
Υ Η Ρ Ρ Ή Λ Ο Β Ρ Ε Π Υ Ο Υ Ο Ι
Ν Β Ρ Ι Ύ Ι Π Ψ Ά Δ Α Ψ Ξ Π Ο Α
Υ Ω Τ Ί Α Γ Ε Η Β Ί Ν Ν Ε Ν Γ Ξ
Ί Α Χ Σ Ε Α Ι Ν Μ Ξ Λ Γ Ό Ί Σ Ξ
Α Ρ Λ Μ Ί Δ Β Α Μ Ε Π Π Ν Σ Γ Π
```

ΕΞΟΠΛΙΣΜΌΣ   ΣΑΓΌΝΙ
ΒΆΡΚΑ   ΒΡΆΓΧΙΑ
ΣΎΡΜΑ   ΚΑΛΆΘΙ
ΠΤΕΡΎΓΙΑ   ΔΌΛΩΜΑ
ΠΟΤΑΜΌΣ   ΩΚΕΑΝΌΣ
ΥΠΟΜΟΝΉ   ΛΊΜΝΗ
ΖΥΓΊΖΩ   ΠΑΡΑΛΊΑ
ΆΓΚΙΣΤΡΟ   ΥΠΕΡΒΟΛΉ
ΕΠΟΧΉ   ΝΕΡΌ

48 - Essen #2

```
Π Έ Δ Ξ Σ Α Η Τ Υ Σ Ρ Ε Υ Λ Χ Η
Ψ Π Σ Υ Έ Τ Χ Ο Υ Β Ε Ξ Μ Λ Η Ε
Α Ω Λ Ο Λ Ν Δ Τ Ψ Μ Ί Ω Η Ρ Ε Ί
Υ Ξ Μ Β Ι Ω Π Α Ρ Ά Ν Ι Κ Γ Α Β
Γ Σ Δ Ί Ν Ζ Υ Τ Ε Α Ν Ά Ν Α Π Μ
Ό Δ Π Ι Ο Α Ν Ά Ζ Τ Ι Λ Ε Μ Μ Α
Λ Β Ι Ε Δ Μ Ψ Μ Π Ά Ρ Τ Ξ Ι Α Μ
Η Γ Α Ψ Χ Π Ξ Ο Ξ Λ Ά Υ Μ Χ Ν Ύ
Τ Ε Σ Α Λ Ό Λ Τ Ω Ο Ψ Ρ Π Ε Ι Γ
Ε Υ Ί Η Ί Ν Μ Ν Ο Κ Δ Ί Ρ Ί Τ Δ
Σ Π Α Ρ Ά Γ Γ Ι Ι Ο Τ Δ Ό Ά Α
Ξ Ι Τ Ρ Ύ Ο Α Ι Γ Σ Ε Χ Κ Ο Ρ Λ
Μ Π Χ Α Ύ Λ Ο Λ Η Ρ Α Μ Ο Γ Ι Ο
Τ Ή Τ Ω Ί Ζ Κ Ε Ρ Ά Σ Ι Λ Ι Δ Ε
Ξ Χ Λ Ί Β Ξ Ι Λ Ρ Δ Π Ψ Ο Λ Ν Η
Ω Γ Ε Ο Ε Τ Λ Ο Λ Σ Ι Τ Ά Ρ Ι Ξ
```

ΜΉΛΟ	ΚΕΡΆΣΙ
ΑΓΚΙΝΆΡΑ	ΑΜΎΓΔΑΛΟ
ΜΕΛΙΤΖΆΝΑ	ΜΑΝΙΤΆΡΙ
ΜΠΑΝΆΝΑ	ΡΎΖΙ
ΜΠΡΌΚΟΛΟ	ΖΑΜΠΌΝ
ΨΩΜΊ	ΣΟΚΟΛΆΤΑ
ΑΥΓΌ	ΣΈΛΙΝΟ
ΨΆΡΙ	ΣΠΑΡΆΓΓΙ
ΓΙΑΟΎΡΤΙ	ΝΤΟΜΆΤΑ
ΤΥΡΊ	ΣΙΤΆΡΙ

49 - Energie

```
Β Π Υ Ρ Η Ν Ι Κ Ή Σ Β Κ Α Α Ά Μ
Ε Ε Η Υ Η Μ Ι Σ Ώ Ε Ν Α Ν Α Ν Π
Ν Ν Ί Σ Τ Ρ Ψ Λ Ξ Μ Μ Ύ Γ Ί Θ Α
Ζ Τ Ο Υ Ε Τ Ι Ο Ο Ω Υ Σ Ε Σ Ρ Τ
Ί Ρ Η Λ Ε Κ Τ Ρ Ι Κ Ή Ι Υ Ξ Α Α
Ν Ο Φ Θ Ι Ρ Α Έ Υ Ά Γ Μ Μ Μ Κ Ρ
Η Π Ω Π Ε Π Ι Τ Έ Α Ν Ο Ξ Ω Α Ί
Ί Ί Τ Σ Ν Ρ Σ Ο Ι Λ Ή Ε Ί Ο Σ Α
Υ Α Ό Μ Ψ Σ Μ Μ Ψ Χ Λ Ω Μ Γ Σ Γ
Η Ε Ν Π Η Ο Ν Ό Γ Ο Ρ Δ Υ Ο Ψ Ί
Ψ Α Ι Ο Ι Ν Ό Ρ Τ Κ Ε Λ Η Έ Σ Ω
Σ Μ Ο Η Γ Χ Ρ Μ Ο Η Σ Ν Α Π Ύ Ρ
Π Ε Ρ Ι Β Ά Λ Λ Ο Ν Τ Λ Υ Π Υ Β
Ν Τ Ί Ζ Ε Λ Ω Β Β Λ Π Α Α Ο Π Έ
Β Ι Ο Μ Η Χ Α Ν Ί Α Τ Λ Δ Μ Ψ Χ
Σ Τ Ρ Ο Β Ί Λ Ω Ν Τ Ω Π Ι Έ Ο Ο
```

ΜΠΑΤΑΡΊΑ	ΆΝΘΡΑΚΑΣ
ΒΕΝΖΊΝΗ	ΜΟΤΈΡ
ΚΑΎΣΙΜΟ	ΠΥΡΗΝΙΚΉ
ΝΤΊΖΕΛ	ΦΩΤΌΝΙΟ
ΗΛΕΚΤΡΙΚΉ	ΉΛΙΟΣ
ΗΛΕΚΤΡΌΝΙΟ	ΣΤΡΟΒΊΛΩΝ
ΕΝΤΡΟΠΊΑ	ΠΕΡΙΒΆΛΛΟΝ
ΑΝΑΝΕΏΣΙΜΗ	ΡΎΠΑΝΣΗ
ΘΕΡΜΌΤΗΤΑ	ΥΔΡΟΓΌΝΟ
ΒΙΟΜΗΧΑΝΊΑ	ΆΝΕΜΟΣ

50 - Familie

```
Ρ  Σ  Θ  Ι  Γ  Έ  Γ  Π  Ρ  Ό  Γ  Ο  Ν  Ο  Σ  Π
Τ  Ο  Ε  Σ  Μ  Ξ  Ι  Ε  Ψ  Η  Γ  Ψ  Ε  Δ  Ό  Α
Β  Φ  Ί  Ο  Α  Ν  Α  Μ  Υ  Δ  Ί  Δ  Έ  Α  Ι  Τ
Θ  Λ  Ο  Δ  Σ  Ο  Γ  Υ  Ζ  Ύ  Σ  Ί  Ψ  Χ  Ψ  Ρ
Ω  Ε  Σ  Ρ  Ρ  Ί  Ι  Π  Α  Τ  Έ  Ρ  Α  Σ  Ι  Ι
Π  Δ  Ί  Γ  Λ  Ά  Β  Έ  Ξ  Ο  Χ  Η  Β  Ν  Κ
Μ  Α  Ί  Α  Λ  Έ  Ι  Π  Α  Π  Π  Ο  Ύ  Σ  Α  Ή
Ι  Η  Ρ  Ό  Κ  Υ  Ψ  Δ  Δ  Δ  Ω  Χ  Α  Λ  Ι  Ρ
Ξ  Α  Τ  Δ  Β  Ί  Ι  Σ  Η  Γ  Υ  Ν  Α  Ί  Κ  Α
Α  Ε  Ρ  Ρ  Ι  Η  Ν  Σ  Ι  Ή  Φ  Λ  Ε  Δ  Α  Π
Δ  Β  Γ  Σ  Ι  Ί  Α  Ρ  Ω  Ξ  Λ  Έ  Σ  Ι  Η  Τ
Έ  Ν  Ω  Γ  Ο  Κ  Ξ  Ρ  Δ  Ι  Β  Β  Α  Έ  Γ
Ρ  Υ  Π  Λ  Ό  Γ  Ή  Ω  Ε  Π  Ο  Χ  Ω  Π  Ν  Γ
Φ  Έ  Μ  Λ  Ί  Ν  Σ  Μ  Η  Τ  Έ  Ρ  Α  Ω  Ν  Ξ
Η  Έ  Έ  Σ  Ψ  Ε  Ι  Ι  Δ  Τ  Τ  Λ  Ί  Υ  Ψ  Ί
Λ  Ί  Ρ  Ν  Λ  Μ  Ψ  Ο  Β  Ν  Β  Σ  Α  Ψ  Τ  Ι
```

ΑΔΕΛΦΟΣ	ΑΝΙΨΙΆ
ΓΥΝΑΊΚΑ	ΘΕΊΟΣ
ΣΎΖΥΓΟΣ	ΑΔΕΛΦΉ
ΕΓΓΟΝΙ	ΘΕΊΑ
ΓΙΑΓΙΆ	ΚΌΡΗ
ΠΑΠΠΟΎΣ	ΠΑΤΈΡΑΣ
ΠΑΙΔΊ	ΠΑΤΡΙΚΉ
ΜΗΤΈΡΑ	ΞΑΔΈΡΦΗ
ΜΗΤΡΙΚΉ	ΠΡΌΓΟΝΟΣ
ΑΝΙΨΙΌΣ	ΔΊΔΥΜΑ

51 - Pflanzen

```
Ι  Δ  Ύ  Ο  Λ  Υ  Ο  Λ  Π  Έ  Σ  Λ  Β  Μ  Ε  Η
Τ  Α  Ύ  Ρ  Β  Γ  Ρ  Α  Σ  Ί  Δ  Ι  Ί  Ρ  Γ  Η
Ψ  Σ  Ό  Σ  Σ  Ι  Κ  Ξ  Ν  Ί  Ι  Π  Υ  Ν  Ι  Ψ
Ί  Ο  Ι  Φ  Ύ  Λ  Λ  Ω  Μ  Α  Μ  Ο  Ύ  Ρ  Ο  Υ
Ε  Σ  Λ  Χ  Η  Ό  Η  Ι  Κ  Δ  Α  Ρ  Ο  Σ  Ρ  Έ
Μ  Ω  Ε  Λ  Λ  Σ  Έ  Ψ  Ή  Ί  Η  Τ  Π  Γ  Υ  Ψ
Ο  Δ  Υ  Σ  Ύ  Α  Ε  Ί  Π  Ρ  Π  Ν  Μ  Α  Σ  Ψ
Α  Ρ  Γ  Ο  Ψ  Φ  Υ  Λ  Ο  Ω  Δ  Έ  Α  Ζ  Ί  Ρ
Β  Β  Ό  Τ  Α  Ν  Ο  Π  Σ  Λ  Ω  Δ  Π  Ν  Ω  Ι
Σ  Λ  Ξ  Β  Ν  Τ  Ν  Ε  Έ  Χ  Δ  Τ  Μ  Έ  Ω  Ω
Ί  Υ  Ά  Ψ  Ή  Κ  Ι  Ν  Α  Τ  Ο  Β  Γ  Ψ  Ε  Λ
Ω  Δ  Μ  Σ  Ο  Τ  Κ  Ά  Κ  Ψ  Α  Ι  Ε  Λ  Α  Δ
Λ  Η  Γ  Π  Τ  Ψ  Ι  Έ  Λ  Ο  Ρ  Λ  Γ  Ω  Β  Α
Ε  Ι  Α  Ε  Ξ  Η  Ω  Ρ  Π  Ι  Ν  Β  Ο  Ω  Ι  Υ
Σ  Ι  Λ  Μ  Ι  Ε  Σ  Σ  Λ  Ί  Π  Α  Σ  Μ  Α  Ω
Μ  Β  Τ  Π  Ξ  Λ  Λ  Η  Χ  Ρ  Λ  Ν  Ξ  Υ  Γ  Τ
```

ΜΠΑΜΠΟΎ	ΧΛΩΡΊΔΑ
ΔΈΝΤΡΟ	ΚΉΠΟΣ
ΜΟΎΡΟ	ΓΡΑΣΊΔΙ
ΦΎΛΛΟ	ΚΆΚΤΟΣ
ΛΟΥΛΟΎΔΙ	ΒΌΤΑΝΟ
ΠΈΤΑΛΟ	ΦΎΛΛΩΜΑ
ΦΑΣΌΛΙ	ΒΡΎΑ
ΒΟΤΑΝΙΚΉ	ΒΛΆΣΤΗΣΗ
ΛΊΠΑΣΜΑ	ΔΑΣΟΣ
ΚΙΣΣΌΣ	ΡΊΖΑ

52 - Gewürze

```
Γ  Λ  Υ  Κ  Ά  Ν  Ι  Σ  Ο  Δ  Χ  Ο  Γ  Α  Ρ  Γ
Κ  Μ  Ο  Σ  Χ  Ο  Κ  Ά  Ρ  Υ  Δ  Ο  Ε  Λ  Λ  Α
Μ  Ά  Κ  Α  Ν  Έ  Λ  Α  Γ  Χ  Υ  Ί  Ύ  Ά  Χ  Ρ
Ε  Ι  Ρ  Έ  Π  Ι  Π  Ρ  Έ  Λ  Ω  Δ  Σ  Τ  Ε  Ύ
Ν  Β  Ί  Δ  Χ  Ρ  Σ  Ψ  Ρ  Α  Υ  Δ  Η  Ι  Έ  Φ
Η  Ο  Τ  Ξ  Α  Κ  Ι  Ρ  Π  Ά  Π  Κ  Α  Α  Γ  Α
Δ  Ψ  Α  Ζ  Γ  Μ  Μ  Ί  Δ  Δ  Α  Β  Ϋ  Π  Γ  Λ
Υ  Ξ  Ν  Ί  Ί  Σ  Ο  Κ  Ο  Ρ  Κ  Κ  Ά  Ρ  Υ  Λ
Ι  Ο  Ί  Ν  Λ  Ν  Κ  Ρ  Ε  Μ  Μ  Ύ  Δ  Ι  Ε  Ο
Λ  Λ  Β  Ω  Λ  Γ  Τ  Π  Σ  Υ  Β  Π  Ο  Υ  Η  Θ
Ξ  Δ  Α  Λ  Χ  Ο  Ο  Ζ  Ω  Ο  Π  Β  Ι  Α  Π  Α
Β  Μ  Ι  Ν  Ί  Δ  Β  Ε  Ε  Ή  Λ  Η  Ξ  Μ  Υ  Ρ
Γ  Λ  Υ  Κ  Ό  Ρ  Ι  Ζ  Α  Ρ  Β  Χ  Ω  Υ  Έ  Ά
Α  Τ  Α  Τ  Υ  Ό  Η  Ε  Υ  Κ  Ψ  Ι  Β  Η  Ε  Μ
Ω  Χ  Υ  Ρ  Έ  Κ  Υ  Γ  Α  Ι  Λ  Ί  Ν  Α  Β  Σ
Ξ  Ι  Ν  Ή  Χ  Σ  Δ  Η  Μ  Π  Ί  Α  Ψ  Ρ  Α  Ω
```

ΓΛΥΚΆΝΙΣΟ	ΓΑΡΎΦΑΛΛΟ
ΠΙΚΡΉ	ΠΆΠΡΙΚΑ
ΚΆΡΥ	ΠΙΠΈΡΙ
ΜΆΡΑΘΟ	ΚΡΟΚΟΣ
ΓΕΎΣΗ	ΑΛΆΤΙ
ΤΖΊΝΤΖΕΡ	ΞΙΝΉ
ΚΆΡΔΑΜΟ	ΓΛΥΚΌ
ΣΚΌΡΔΟ	ΒΑΝΊΛΙΑ
ΓΛΥΚΌΡΙΖΑ	ΚΑΝΈΛΑ
ΜΟΣΧΟΚΆΡΥΔΟ	ΚΡΕΜΜΎΔΙ

53 - Kreativität

```
Σ  Έ  Α  Τ  Η  Τ  Ό  Ι  Ξ  Ε  Δ  Ι  Π  Ε  Η  Α
Ε  Ν  Τ  Ύ  Π  Ω  Σ  Η  Σ  Α  Ρ  Φ  Κ  Έ  Σ  Υ
Μ  Π  Η  Δ  Ο  Α  Ρ  Λ  Σ  Ε  Ι  Κ  Ό  Ν  Α  Θ
Τ  Κ  Τ  Ρ  Ρ  Τ  Υ  Ψ  Ω  Υ  Ι  Γ  Γ  Υ  Τ  Ε
Έ  Α  Ό  Α  Ά  Α  Δ  Θ  Ψ  Ε  Ε  Τ  Ξ  Ν  Ν  Ν
Ί  Λ  Τ  Μ  Μ  Μ  Χ  Ξ  Ό  Ο  Ι  Ν  Έ  Τ  Έ  Τ
Δ  Λ  Σ  Α  Α  Ή  Δ  Ω  Γ  Ρ  Ρ  Σ  Π  Έ  Ω  Ι
Ι  Ι  Υ  Τ  Τ  Θ  Ι  Ρ  Ί  Σ  Μ  Ι  Ξ  Μ  Ω  Κ
Α  Τ  Ε  Ι  Α  Σ  Ι  Τ  Ο  Ε  Ο  Η  Β  Ν  Έ  Ό
Ί  Ε  Ρ  Κ  Τ  Ι  Ξ  Δ  Ο  Υ  Γ  Η  Τ  Έ  Ί  Τ
Σ  Χ  Ε  Ή  Ξ  Α  Ί  Α  Έ  Η  Χ  Τ  Υ  Η  Ε  Η
Θ  Ν  Τ  Μ  Ο  Ν  Υ  Ε  Ω  Ά  Δ  Π  Λ  Δ  Ν  Τ
Η  Ι  Ε  Ρ  Π  Υ  Σ  Α  Φ  Ή  Ν  Ε  Ι  Α  Ω  Α
Σ  Κ  Ί  Α  Ί  Σ  Α  Τ  Ν  Α  Φ  Π  Ω  Ρ  Π  Χ
Η  Ή  Κ  Ι  Τ  Ε  Ρ  Υ  Ε  Φ  Ε  Β  Λ  Ω  Ι  Υ
Α  Ω  Δ  Ρ  Η  Υ  Ν  Α  Α  Ί  Σ  Θ  Η  Σ  Η  Ι
```

ΈΚΦΡΑΣΗ
ΑΥΘΕΝΤΙΚΌΤΗΤΑ
ΕΙΚΌΝΑ
ΔΡΑΜΑΤΙΚΉ
ΕΝΤΎΠΩΣΗ
ΕΦΕΥΡΕΤΙΚΉ
ΕΠΙΔΕΞΙΌΤΗΤΑ
ΡΕΥΣΤΌΤΗΤΑ
ΣΥΝΑΙΣΘΉΜΑΤΑ
ΙΔΈΑ

ΈΜΠΝΕΥΣΗ
ΈΝΤΑΣΗ
ΔΙΑΊΣΘΗΣΗ
ΣΑΦΉΝΕΙΑ
ΚΑΛΛΙΤΕΧΝΙΚΉ
ΦΑΝΤΑΣΊΑ
ΑΊΣΘΗΣΗ
ΑΥΘΌΡΜΗΤΗ
ΟΡΆΜΑΤΑ

54 - Geschäft

```
Σ  Η  Σ  Ώ  Τ  Π  Κ  Έ  Π  Ν  Ι  Η  Ι  Χ  Ε  Ν
Κ  Ξ  Γ  Υ  Σ  Υ  Μ  Π  Ώ  Ό  Κ  Ε  Π  Α  Ψ  Ρ
Α  Έ  Ρ  Ε  Ν  Δ  Π  Ρ  Λ  Μ  Ρ  Ό  Β  Μ  Ο  Χ
Ρ  Υ  Α  Ρ  Ο  Α  Ο  Ψ  Η  Ι  Ί  Ε  Σ  Η  Α  Α
Ι  Κ  Φ  Γ  Τ  Μ  Λ  Δ  Σ  Σ  Ί  Μ  Χ  Τ  Ψ  Α
Έ  Έ  Ε  Ο  Μ  Ή  Β  Λ  Η  Μ  Τ  Π  Ρ  Σ  Ο  Τ
Ρ  Ρ  Ί  Δ  Α  Ρ  Μ  Β  Α  Α  Έ  Ο  Η  Ά  Α  Σ
Α  Δ  Ο  Ό  Δ  Χ  Α  Έ  Μ  Γ  Δ  Ρ  Μ  Τ  Φ  Λ
Λ  Ο  Χ  Τ  Υ  Τ  Ε  Β  Η  Ο  Ή  Ε  Α  Α  Ε  Ί
Β  Σ  Γ  Η  Δ  Ξ  Χ  Τ  Δ  Ρ  Ί  Ύ  Τ  Κ  Ν  Σ
Ε  Π  Έ  Ν  Δ  Υ  Σ  Η  Ό  Π  Έ  Μ  Ο  Ο  Τ  Χ
Μ  Ά  Ν  Α  Τ  Ζ  Ε  Ρ  Σ  Ψ  Ι  Α  Δ  Έ  Ι  Σ
Ά  Κ  Ι  Μ  Ο  Ν  Ο  Κ  Ι  Ο  Ξ  Τ  Ο  Ί  Κ  Ω
Φ  Ό  Ρ  Ο  Ι  Ψ  Ο  Χ  Ε  Υ  Ο  Α  Τ  Λ  Ό  Έ
Ν  Ι  Ω  Ε  Α  Σ  Π  Ψ  Ρ  Τ  Ι  Γ  Ώ  Σ  Ε  Α
Ε  Ρ  Γ  Ο  Σ  Τ  Ά  Σ  Ι  Ο  Λ  Ψ  Ω  Π  Η  Α
```

ΕΡΓΟΔΌΤΗ	ΚΑΡΙΈΡΑ
ΓΡΑΦΕΊΟ	ΚΌΣΤΟΣ
ΑΦΕΝΤΙΚΌ	ΜΆΝΑΤΖΕΡ
ΕΙΣΌΔΗΜΑ	ΈΚΠΤΩΣΗ
ΕΡΓΟΣΤΆΣΙΟ	ΦΌΡΟΙ
ΧΡΗΜΑΤΟΔΟΤΏ	ΣΥΝΑΛΛΑΓΉ
ΧΡΉΜΑ	ΠΏΛΗΣΗ
ΚΑΤΆΣΤΗΜΑ	ΕΜΠΟΡΕΎΜΑΤΑ
ΚΈΡΔΟΣ	ΝΌΜΙΣΜΑ
ΕΠΈΝΔΥΣΗ	ΟΙΚΟΝΟΜΙΚΆ

55 - Ingenieurwesen

```
Δ  Ι  Ά  Μ  Ε  Τ  Ρ  Ο  Σ  Ψ  Τ  Ν  Ρ  Ξ  Γ  Έ
Ε  Ή  Γ  Σ  Ε  Ρ  Γ  Ξ  Η  Ε  Ί  Τ  Υ  Δ  Σ  Ψ
Κ  Β  Ο  Ρ  Έ  Ε  Ε  Έ  Χ  Α  Ί  Ξ  Η  Η  Ο
Α  Ι  Ζ  Ά  Ν  Α  Ρ  Γ  Ε  Ν  Ί  Ζ  Β  Γ  Γ  Ί
Τ  Ρ  Ψ  Λ  Γ  Σ  Β  Έ  Ε  Α  Η  Ε  Ί  Σ  Υ  Δ
Α  Τ  Η  Τ  Ό  Ρ  Ε  Θ  Α  Τ  Σ  Λ  Μ  Ό  Ρ  Ι
Σ  Χ  Μ  Χ  Σ  Ε  Δ  Η  Σ  Η  Ρ  Τ  Έ  Μ  Τ  Ά
Κ  Π  Ρ  Ω  Δ  Λ  Ν  Ι  Ά  Ξ  Ο  Ν  Α  Σ  Π  Γ
Ε  Η  Έ  Η  Υ  Λ  Ν  Έ  Α  Ί  Ν  Ω  Γ  Ι  Υ  Ρ
Υ  Έ  Τ  Α  Β  Μ  Β  Ν  Ρ  Ν  Ω  Ό  Ρ  Γ  Υ  Α
Ή  Μ  Ο  Δ  Ά  Ψ  Β  Λ  Ι  Γ  Ο  Χ  Δ  Ο  Ί  Μ
Ν  Ν  Μ  Ν  Θ  Ώ  Θ  Η  Σ  Η  Ε  Μ  Σ  Λ  Ξ  Μ
Τ  Ξ  Α  Σ  Ο  Ψ  Ε  Π  Ρ  Ε  Χ  Ι  Ή  Ο  Λ  Α
Ε  Η  Ξ  Χ  Σ  Ψ  Ξ  Α  Μ  Π  Β  Γ  Α  Π  Ψ  Ο
Ί  Ο  Ρ  Η  Η  Μ  Α  Ν  Ύ  Δ  Ε  Ξ  Ί  Ω  Υ  Μ  Γ
Ω  Α  Ι  Β  Ξ  Μ  Η  Δ  Ι  Ψ  Η  Ρ  Ψ  Α  Η  Μ
```

ΆΞΟΝΑΣ	ΜΗΧΑΝΉ
ΏΘΗΣΗ	ΜΈΤΡΗΣΗ
ΥΠΟΛΟΓΙΣΜΌΣ	ΜΟΤΈΡ
ΔΙΆΓΡΑΜΜΑ	ΤΡΙΒΉ
ΝΤΊΖΕΛ	ΣΤΑΘΕΡΌΤΗΤΑ
ΔΙΆΜΕΤΡΟΣ	ΔΎΝΑΜΗ
ΕΝΈΡΓΕΙΑ	ΔΟΜΉ
ΥΓΡΌ	ΒΆΘΟΣ
ΓΡΑΝΆΖΙΑ	ΔΙΑΝΟΜΉ
ΚΑΤΑΣΚΕΥΉ	ΓΩΝΊΑ

56 - Kaffee

```
Ν Μ Μ Ξ Ί Η Π Υ Η Ψ Π Π Τ Ξ Φ Ξ
Η Γ Σ Ξ Ρ Ρ Ρ Α Η Η Ο Ω Μ Χ Ί Δ
Ρ Π Έ Ω Ξ Γ Ο Γ Ί Σ Τ Ω Θ Έ Λ Α
Μ Ή Ί Δ Σ Π Έ Ρ Ω Έ Ό Υ Μ Η Τ Π
Ά Ρ Ω Μ Α Υ Λ Λ Ύ Ο Υ Ε Ρ Ξ Ρ Ο
Ζ Κ Ρ Δ Μ Γ Ε Ψ Έ Α Σ Υ Τ Π Ο Ι
Ά Ι Π Δ Έ Ρ Υ Η Χ Σ Μ Π Π Υ Ν Κ
Χ Π Ψ Ν Ρ Ό Σ Τ Ρ Α Τ Σ Ψ Ί Ρ Ι
Α Η Ν Λ Κ Ρ Η Ν ´ ¨ Ι Ε Φ Α Κ Λ
Ρ Ί Γ Ρ Τ Ε Κ Σ Β Μ Μ Ξ Ξ Σ Ο Ί
Η Μ Λ Ω Ξ Ν Δ Ύ Ύ Ξ Ή Ί Υ Γ Π Α
Β Υ Α Τ Ο Ν Ξ Υ Π Ε Ι Ρ Ψ Ξ Μ Ι
Ί Ε Ό Ξ Ι Ν Ο Τ Ν Ε Γ Ο Γ Ά Λ Α
Ρ Γ Έ Ι Σ Ρ Μ Α Σ Α Λ Έ Ω Ι Υ Ρ
Μ Λ Μ Έ Ο Σ Π Α Χ Α Λ Λ Ν Ε Χ Η
Γ Ί Ι Τ Π Ξ Ί Ε Ω Α Ι Ι Ο Ψ Χ Ν
```

ΆΡΩΜΑ	ΠΡΩΊ
ΠΙΚΡΉ	ΤΙΜΉ
ΚΡΈΜΑ	ΌΞΙΝΟ
ΦΊΛΤΡΟ	ΜΑΎΡΟ
ΥΓΡΌ	ΚΎΠΕΛΛΟ
ΓΕΎΣΗ	ΠΡΟΈΛΕΥΣΗ
ΠΟΤΌ	ΠΟΙΚΙΛΊΑ
ΚΑΦΕΪΝΗ	ΝΕΡΌ
ΑΛΈΘΩ	ΖΆΧΑΡΗ
ΓΆΛΑ	

57 - Gemüse

```
Μ  Π  Ε  Μ  Π  Α  Ε  Τ  Λ  Ω  Γ  Έ  Ο  Ε  Ψ  Μ
Υ  Ε  Α  Π  Α  Ν  Ά  Ζ  Τ  Ι  Λ  Ε  Μ  Ι  Α  Π
Ί  Ρ  Ξ  Ρ  Τ  Ϊ  Ρ  Έ  Έ  Μ  Ο  Λ  Μ  Π  Λ  Ι
Υ  Π  Β  Ξ  Ά  Γ  Ν  Γ  Ο  Γ  Ύ  Λ  Ι  Μ  Ζ
Σ  Α  Ρ  Ί  Μ  Δ  Τ  Τ  Έ  Υ  Χ  Ω  Χ  Δ  Σ  Έ
Μ  Α  Ν  Λ  Ο  Τ  Ό  Ρ  Α  Κ  Ί  Ο  Γ  Ί  Κ  Λ
Π  Τ  Λ  Τ  Τ  Η  Ι  Κ  Ά  Ν  Α  Π  Σ  Π  Ό  Ι
Ρ  Ά  Γ  Ά  Ν  Γ  Ρ  Ι  Η  Χ  Ό  Λ  Ι  Υ  Ρ  Α
Ό  Τ  Σ  Ι  Τ  Γ  Ύ  Ί  Ψ  Π  Τ  Σ  Β  Ο  Δ  Ο
Κ  Α  Ρ  Λ  Σ  Α  Ο  Ν  Ι  Λ  Έ  Σ  Ρ  Ν  Ο  Ω
Ο  Π  Δ  Ε  Ί  Η  Γ  Η  Σ  Λ  Χ  Σ  Ω  Υ  Ο  Υ
Λ  Ν  Β  Σ  Ρ  Γ  Γ  Σ  Ρ  Γ  Σ  Ν  Ξ  Ο  Ρ  Μ
Ο  Ρ  Ξ  Β  Ν  Έ  Α  Θ  Ύ  Κ  Ο  Λ  Ο  Κ  Ι  Χ
Μ  Α  Ν  Ι  Τ  Ά  Ρ  Ι  Τ  Ζ  Ί  Ν  Τ  Ζ  Ε  Ρ
Ν  Π  Τ  Τ  Υ  Τ  Ρ  Α  Γ  Κ  Ι  Ν  Ά  Ρ  Α  Α
Κ  Ρ  Ε  Μ  Μ  Ύ  Δ  Ι  Ψ  Τ  Α  Α  Ε  Ί  Ι  Σ
```

ΑΓΚΙΝΆΡΑ	ΚΟΛΟΚΎΘΑ
ΜΕΛΙΤΖΆΝΑ	ΕΛΙΆ
ΚΟΥΝΟΥΠΊΔΙ	ΜΑΪΝΤΑΝΌΣ
ΜΠΡΌΚΟΛΟ	ΜΑΝΙΤΆΡΙ
ΜΠΙΖΈΛΙ	ΓΟΓΓΎΛΙ
ΑΓΓΟΎΡΙ	ΣΑΛΆΤΑ
ΤΖΊΝΤΖΕΡ	ΣΈΛΙΝΟ
ΚΑΡΌΤΟ	ΣΠΑΝΆΚΙ
ΠΑΤΆΤΑ	ΝΤΟΜΆΤΑ
ΣΚΌΡΔΟ	ΚΡΕΜΜΎΔΙ

58 - Schönheit

```
Ο  Κ  Κ  Σ  Π  Η  Λ  Σ  Ε  Κ  Ί  Ρ  Γ  Σ  Ψ  Μ
Μ  Α  Α  Τ  Ρ  Ψ  Ψ  Λ  Ξ  Ο  Ψ  Ω  Ξ  Α  Α  Π
Α  Θ  Λ  Υ  Ο  Η  Χ  Ν  Α  Μ  Ώ  Ρ  Χ  Μ  Λ  Ο
Λ  Ρ  Λ  Λ  Ϊ  Ε  Δ  Έ  Ι  Ψ  Μ  Ί  Χ  Π  Ί  Ύ
Ή  Ε  Υ  Ί  Ό  Κ  Λ  Ρ  Α  Ό  Ξ  Σ  Β  Ο  Δ  Κ
Υ  Φ  Ν  Σ  Ν  Ί  Ο  Ξ  Λ  Ί  Ρ  Ε  Χ  Υ  Ι  Λ
Π  Τ  Τ  Τ  Ό  Ρ  Π  Μ  Έ  Σ  Ε  Η  Ρ  Ά  Χ  Ε
Η  Η  Ι  Α  Ι  Ν  Η  Π  Ψ  Β  Α  Τ  Τ  Ν  Τ  Σ
Ρ  Σ  Κ  Σ  Γ  Έ  Τ  Ξ  Ψ  Ό  Α  Ο  Η  Υ  Λ  Ι
Ε  Γ  Ά  Α  Α  Δ  Β  Δ  Τ  Ι  Τ  Ν  Υ  Ο  Ξ  Λ
Σ  Ρ  Υ  Υ  Ρ  Ν  Α  Λ  Έ  Β  Α  Η  Η  Τ  Γ  Α
Ί  Ν  Ψ  Σ  Κ  Ε  Έ  Χ  Σ  Ρ  Σ  Ρ  Τ  Ω  Ξ  Ρ
Α  Φ  Ω  Τ  Ο  Γ  Ε  Ν  Η  Σ  Μ  Υ  Δ  Α  Β  Δ
Έ  Ξ  Α  Υ  Ο  Χ  Τ  Σ  Π  Ρ  Υ  Α  Μ  Ω  Ρ  Ά
Έ  Λ  Ε  Ε  Ε  Ί  Τ  Ρ  Μ  Λ  Δ  Π  Ο  Ι  Ο  Λ
Ξ  Α  Ψ  Δ  Ν  Β  Έ  Ί  Μ  Ά  Σ  Κ  Α  Ρ  Α  Σ
```

ΧΆΡΗ	ΚΑΛΛΥΝΤΙΚΆ
ΓΟΗΤΕΊΑ	ΚΡΑΓΙΌΝ
ΥΠΗΡΕΣΊΑ	ΜΠΟΎΚΛΕΣ
ΆΡΩΜΑ	ΈΛΑΙΑ
ΚΟΜΨΌ	ΠΡΟΪΌΝ
ΚΟΜΨΌΤΗΤΑ	ΨΑΛΊΔΙ
ΧΡΏΜΑ	ΣΑΜΠΟΥΆΝ
ΦΩΤΟΓΕΝΗΣ	ΚΑΘΡΕΦΤΗΣ
ΟΜΑΛΉ	ΣΤΥΛΊΣΤΑΣ
ΔΈΡΜΑ	ΜΆΣΚΑΡΑ

59 - Tanzen

```
Σ  Η  Α  Υ  Π  Τ  Χ  Μ  Χ  Ψ  Ε  Π  Μ  Ε  Χ  Χ
Μ  Σ  Σ  Κ  Έ  Δ  Β  Ψ  Έ  Γ  Ι  Α  Ο  Κ  Α  Ά
Ψ  Η  Τ  Χ  Α  Ν  Λ  Ί  Γ  Ι  Σ  Ρ  Υ  Φ  Ρ  Ρ
Ι  Ν  Μ  Γ  Υ  Δ  Σ  Τ  Ά  Σ  Η  Τ  Σ  Ρ  Ο  Η
Ρ  Ί  Υ  Δ  Χ  Α  Η  Ι  Β  Ξ  Σ  Ε  Ι  Α  Ύ  Ψ
Ή  Κ  Ι  Σ  Α  Λ  Κ  Μ  Ν  Α  Η  Ν  Κ  Σ  Μ  Έ
Κ  Γ  Χ  Ώ  Π  Β  Ι  Χ  Ί  Π  Ν  Έ  Ή  Τ  Ε  Ι
Ι  Υ  Ε  Μ  Ν  Ο  Ό  Ί  Τ  Α  Ί  Ρ  Τ  Ι  Ν  Ρ
Τ  Σ  Η  Α  Ψ  Λ  Λ  Ρ  Χ  Ψ  Κ  Π  Τ  Κ  Ο  Π
Π  Ν  Ρ  Β  Α  Ρ  Ω  Ι  Π  Λ  Χ  Ε  Ξ  Ή  Π  Δ
Ο  Ψ  Ε  Ο  Τ  Ή  Κ  Ι  Τ  Σ  Ι  Τ  Ι  Λ  Ο  Π
Π  Υ  Λ  Έ  Ψ  Ξ  Υ  Ο  Λ  Ι  Ψ  Υ  Ξ  Τ  Ο  Υ
Ρ  Υ  Θ  Μ  Ο  Ύ  Ε  Ε  Ρ  Ί  Σ  Τ  Έ  Χ  Ν  Η
Χ  Ο  Ρ  Ο  Γ  Ρ  Α  Φ  Ί  Α  Υ  Μ  Α  Τ  Ο  Ν
Π  Α  Ρ  Α  Δ  Ο  Σ  Ι  Α  Κ  Ή  Π  Ό  Λ  Λ  Υ
Έ  Τ  Ι  Ί  Α  Ί  Ι  Ξ  Ε  Μ  Ο  Γ  Η  Σ  Ω  Τ
```

ΑΚΑΔΗΜΊΑ
ΧΆΡΗ
ΕΚΦΡΑΣΤΙΚΉ
ΚΊΝΗΣΗ
ΧΟΡΟΓΡΑΦΊΑ
ΣΥΓΚΊΝΗΣΗ
ΧΑΡΟΎΜΕΝΟ
ΣΤΆΣΗ
ΚΛΑΣΙΚΉ
ΣΏΜΑ

ΠΟΛΙΤΙΣΜΌΣ
ΠΟΛΙΤΙΣΤΙΚΉ
ΤΈΧΝΗ
ΜΟΥΣΙΚΉ
ΠΑΡΤΕΝΈΡ
ΠΡΌΒΑ
ΡΥΘΜΟΎ
ΠΑΡΑΔΟΣΙΑΚΉ
ΟΠΤΙΚΉ

60 - Ernährung

```
Ό Ω Δ Υ Τ Η Υ Π Ο Ο Ω Ξ Τ Δ Π Έ
Υ Ρ Μ Ω Ζ Ί Γ Υ Ζ Λ Ω Μ Δ Ί Ρ Τ
Λ Τ Ε Ε Ξ Η Ε Έ Ω Σ Ψ Ρ Ή Ω Ω Δ
Ρ Ν Χ Ξ Β Λ Ί Υ Γ Ι Ή Ρ Φ Ι Τ Λ
Ί Ο Λ Ψ Η Ξ Α Τ Η Τ Ό Ι Ο Π Ε Μ
Ζ Ύ Μ Ω Σ Η Χ Ψ Α Β Ε Ε Ρ Δ Ϊ Ί
Π Υ Ρ Υ Ι Ι Δ Β Χ Ν Τ Λ Τ Η Ν Γ
Π Έ Ή Κ Ι Τ Π Ε Ρ Θ Τ Ω Α Μ Ε Ε
Υ Ι Ψ Π Χ Ο Σ Ά Λ Τ Σ Α Ι Η Σ Ύ
Μ Ρ Κ Η Ι Ξ Ψ Υ Ε Ι Μ Α Δ Τ Ε Σ
Ψ Ω Λ Ρ Σ Ί Τ Μ Ή Μ Α Μ Η Ρ Δ Η
Ρ Τ Ε Γ Ή Ν Μ Ι Μ Λ Ι Ι Ο Ι Ι Ρ
Ί Η Ν Έ Μ Η Π Ο Ρ Ρ Ο Σ Ι Α Μ Η
Η Π Ω Έ Ω Β Ι Ρ Ψ Γ Η Ώ Υ Κ Ρ Λ
Ι Υ Ν Ε Μ Α Π Ν Π Ω Μ Ρ Ψ Ά Ε Χ
Ε Ρ Υ Ρ Η Ν Ί Μ Α Τ Ι Β Γ Η Θ Δ
```

ΌΡΕΞΗ	ΖΥΓΊΖΩ
ΙΣΟΡΡΟΠΗΜΈΝΗ	ΘΕΡΜΙΔΕΣ
ΠΙΚΡΉ	ΘΡΕΠΤΙΚΉ
ΔΙΑΤΡΟΦΉ	ΤΜΉΜΑ
ΒΡΏΣΙΜΑ	ΠΡΩΤΕΪΝΕΣ
ΖΎΜΩΣΗ	ΠΟΙΌΤΗΤΑ
ΓΕΎΣΗ	ΣΆΛΤΣΑ
ΥΓΙΉ	ΤΟΞΊΝΗ
ΥΓΕΊΑ	ΠΈΨΗ
ΔΗΜΗΤΡΙΑΚΆ	ΒΙΤΑΜΊΝΗ

61 - Länder #1

```
Α Ϊ Γ Υ Π Τ Ο Σ Ι Ν Π Ε Ξ Ϊ Ν Ξ
Φ Ι Ν Λ Α Ν Δ Ϊ Α Ρ Π Π Χ Π Γ Υ
Υ Ι Π Ω Ρ Ψ Α Υ Ο Γ Ά Ρ Α Κ Ι Ν
Κ Α Ν Α Δ Ά Ϊ Ι Ψ Β Έ Κ Ϊ Ε Υ Ξ
Κ Λ Ι Ϊ Ν Ο Ν Σ Ψ Ι Ο Ξ Λ Δ Ϊ Ω
Α Έ Ο Λ Χ Χ Α Ρ Ψ Ε Ν Χ Α Δ Π Ξ
Μ Υ Α Ι Ι Ϊ Π Α Ϊ Τ Ξ Λ Τ Λ Ε Δ
Π Ο Σ Ζ Λ Γ Ή Ρ Ν Σ Ξ Ι Β Ο Ρ
Ό Ζ Χ Α Ι Ά Ι Λ Π Ά Έ Τ Υ Γ Ο Ο
Τ Ε Χ Ρ Γ Τ Μ Α Ο Μ Ο Χ Β Π Ϊ Υ
Ζ Ν Μ Β Λ Π Ε Η Λ Ά Γ Ε Ν Ε Σ Μ
Η Ε Ι Τ Ο Γ Ψ Έ Ω Ρ Λ Λ Η Λ Γ Α
Ϊ Β Ρ Ν Α Υ Π Τ Ν Τ Σ Ο Χ Δ Τ Ν
Ψ Ψ Η Λ Δ Γ Ψ Α Ϊ Γ Η Β Ρ Ο Ν Ϊ
Ψ Ϊ Η Ε Ρ Ϊ Π Δ Α Ϊ Ν Ο Τ Ε Λ Α
Έ Ρ Μ Ϊ Ο Ψ Α Ϊ Ν Α Μ Ρ Ε Γ Ν Β
```

ΑΪΓΥΠΤΟΣ	ΛΕΤΟΝΊΑ
ΒΡΑΖΙΛΊΑ	ΜΆΛΙ
ΓΕΡΜΑΝΊΑ	ΝΙΚΑΡΆΓΟΥΑ
ΦΙΝΛΑΝΔΊΑ	ΝΟΡΒΗΓΊΑ
ΙΝΔΊΑ	ΠΟΛΩΝΊΑ
ΙΡΆΚ	ΡΟΥΜΑΝΊΑ
ΙΣΡΑΉΛ	ΣΕΝΕΓΆΛΗ
ΙΤΑΛΊΑ	ΙΣΠΑΝΊΑ
ΚΑΜΠΌΤΖΗ	ΒΕΝΕΖΟΥΈΛΑ
ΚΑΝΑΔΆ	ΒΙΕΤΝΆΜ

62 - Wasser

```
Κ  Χ  Β  Π  Ί  Λ  Π  Π  Γ  Μ  Ν  Π  Κ  Ρ  Ι  Έ
Ύ  Ι  Ρ  Α  Ξ  Ί  Μ  Ό  Ψ  Ί  Λ  Ά  Α  Γ  Σ  Β
Μ  Ο  Ο  Γ  Χ  Μ  Ι  Σ  Έ  Ο  Ί  Ρ  Ν  Μ  Ί  Ν
Α  Υ  Χ  Ω  Ι  Ν  Ό  Ι  Χ  Γ  Τ  Δ  Ά  Χ  Ο  Τ
Τ  Ρ  Ή  Ν  Υ  Η  Ψ  Μ  Χ  Μ  Σ  Ε  Λ  Ε  Ω  Σ
Α  Ι  Ψ  Ι  Γ  Γ  Ύ  Ο  Μ  Τ  Α  Υ  Ι  Ξ  Ι  Ό
Ξ  Κ  Α  Ά  Α  Π  Ρ  Σ  Β  Γ  Ί  Σ  Υ  Ο  Τ  Ν
Δ  Α  Χ  Λ  Π  Ο  Γ  Ό  Ι  Ψ  Σ  Η  Ω  Σ  Δ  Α
Δ  Ν  Υ  Λ  Ξ  Τ  Σ  Π  Ί  Χ  Α  Τ  Ί  Π  Β  Ε
Π  Α  Ε  Ν  Α  Α  Ψ  Ω  Λ  Γ  Ρ  Ο  Τ  Α  Ω  Κ
Γ  Σ  Β  Υ  Η  Μ  Ί  Ν  Λ  Μ  Γ  Ω  Ε  Ξ  Ω  Ω
Ο  Ω  Π  Α  Ε  Ό  Ν  Ν  Ω  Έ  Υ  Α  Γ  Ι  Μ  Ξ
Π  Β  Ά  Υ  Ρ  Σ  Ί  Π  Λ  Η  Μ  Μ  Ύ  Ρ  Α  Ν
Έ  Χ  Γ  Ε  Ξ  Ά  Τ  Μ  Ι  Σ  Η  Λ  Γ  Ο  Ο  Ν
Ξ  Ψ  Ο  Έ  Δ  Β  Έ  Ο  Γ  Γ  Ψ  Έ  Π  Δ  Σ  Τ
Ι  Έ  Σ  Μ  Ο  Υ  Σ  Ώ  Ν  Α  Σ  Δ  Ι  Ν  Μ  Μ
```

ΆΡΔΕΥΣΗ	ΚΑΝΆΛΙ
ΑΤΜΟΎ	ΜΟΥΣΏΝΑΣ
ΝΤΟΥΣ	ΩΚΕΑΝΌΣ
ΠΆΓΟΣ	ΒΡΟΧΉ
ΥΓΡΌ	ΧΙΌΝΙ
ΥΓΡΑΣΊΑ	ΛΊΜΝΗ
ΠΟΤΑΜΌΣ	ΠΌΣΙΜΟ
ΠΛΗΜΜΎΡΑ	ΕΞΆΤΜΙΣΗ
ΠΑΓΩΝΙΆ	ΚΎΜΑΤΑ
ΧΙΟΥΡΙΚΑΝΑΣ	

63 - Science Fiction

```
Σ  Σ  Ε  Δ  Υ  Σ  Δ  Ε  Χ  Β  Έ  Ι  Ο  Β  Δ  Ο
Π  Λ  Α  Ν  Ή  Τ  Η  Σ  Μ  Η  Π  Ν  Μ  Ο  Τ  Τ
Τ  Ε  Χ  Ν  Ο  Λ  Ο  Γ  Ί  Α  Μ  Α  Σ  Π  Ψ  Ε
Υ  Υ  Α  Ο  Χ  Α  Υ  Ν  Υ  Ξ  Μ  Ι  Ό  Ί  Ε  Ρ
Ψ  Ε  Υ  Δ  Α  Ί  Σ  Θ  Η  Σ  Η  Β  Κ  Ω  Δ  Σ
Ψ  Λ  Γ  Υ  Υ  Μ  Ο  Ε  Ν  Ψ  Β  Ο  Μ  Ή  Υ  Π
Δ  Τ  Ω  Ρ  Ν  Έ  Ρ  Ε  Α  Λ  Ι  Σ  Τ  Ι  Κ  Ή
Έ  Β  Ι  Β  Λ  Ι  Α  Ί  Π  Ο  Τ  Σ  Υ  Δ  Γ  Τ
Ρ  Κ  Έ  Ψ  Ρ  Η  Φ  Α  Ν  Τ  Α  Σ  Τ  Ι  Κ  Ό
Ο  Ι  Ρ  Ά  Ν  Ε  Σ  Γ  Α  Λ  Α  Ξ  Ί  Α  Σ  Π
Χ  Λ  Μ  Η  Μ  Α  Ν  Τ  Ε  Ί  Ο  Ρ  Ά  Τ  Σ  Μ
Ξ  Χ  Λ  Δ  Ξ  Ω  Δ  Ψ  Δ  Α  Ί  Δ  Ι  Κ  Λ  Ο
Σ  Ο  Β  Ι  Γ  Η  Έ  Ο  Λ  Ο  Ι  Ι  Τ  Υ  Ρ  Ρ
Μ  Υ  Σ  Τ  Η  Ρ  Ι  Ώ  Δ  Η  Σ  Ο  Ω  Ρ  Ί  Ο
Ό  Κ  Ι  Τ  Σ  Ι  Ρ  Υ  Ο  Τ  Υ  Ο  Φ  Α  Ξ  Χ
Ρ  Ί  Ο  Υ  Τ  Ο  Π  Ί  Α  Μ  Α  Κ  Ρ  Ι  Ν  Ό
```

ΒΙΒΛΙΑ	ΨΕΥΔΑΊΣΘΗΣΗ
ΧΗΜΙΚΉ	ΦΑΝΤΑΣΤΙΚΌ
ΔΥΣΤΟΠΊΑ	ΜΑΝΤΕΊΟ
ΈΚΡΗΞΗ	ΠΛΑΝΉΤΗΣ
ΆΚΡΟ	ΡΕΑΛΙΣΤΙΚΉ
ΜΑΚΡΙΝΌ	ΡΟΜΠΌΤ
ΦΩΤΙΆ	ΣΕΝΆΡΙΟ
ΦΟΥΤΟΥΡΙΣΤΙΚΌ	ΤΕΧΝΟΛΟΓΙΑ
ΓΑΛΑΞΊΑΣ	ΟΥΤΟΠΊΑ
ΜΥΣΤΗΡΙΏΔΗΣ	ΚΌΣΜΟ

64 - Literatur

```
Α  Ρ  Α  Σ  Φ  Δ  Σ  Μ  Ε  Τ  Α  Φ  Ο  Ρ  Ά  Ε
Ν  Υ  Φ  Υ  Έ  Α  Β  Υ  Τ  Ρ  Α  Γ  Ω  Δ  Ί  Α
Α  Θ  Η  Μ  Ρ  Ξ  Ν  Ο  Γ  Σ  Ν  Ι  Μ  Ρ  Π  Ε
Λ  Μ  Γ  Π  Σ  Ν  Τ  Τ  Υ  Γ  Ι  Ψ  Λ  Θ  Ο  Ί
Ο  Ο  Η  Έ  Δ  Υ  Π  Ο  Α  Ί  Ρ  Ω  Ί  Έ  Ί  Δ
Γ  Ύ  Τ  Ρ  Α  Ν  Ρ  Δ  Μ  Σ  Έ  Α  Δ  Μ  Η  Ο
Ί  Τ  Ή  Α  Ο  Δ  Ο  Κ  Ο  Ι  Ί  Γ  Φ  Α  Μ  Σ
Α  Γ  Σ  Σ  Ν  Χ  Έ  Έ  Ψ  Η  Ψ  Α  Ω  Έ  Α  Ε
Ί  Ο  Π  Μ  Χ  Π  Τ  Ν  Η  Τ  Α  Μ  Ε  Α  Α  Γ
Ο  Λ  Υ  Α  Ο  Η  Α  Α  Γ  Α  Έ  Ο  Σ  Γ  Υ  Σ
Μ  Υ  Θ  Ι  Σ  Τ  Ό  Ρ  Η  Μ  Α  Ι  Ν  Τ  Μ  Ξ
Β  Ι  Ο  Γ  Ρ  Α  Φ  Ί  Α  Ο  Γ  Η  Ψ  Β  Υ  Ί
Δ  Ι  Ά  Λ  Ο  Γ  Ο  Σ  Α  Ν  Ά  Λ  Υ  Σ  Η  Λ
Π  Ο  Ι  Η  Τ  Ι  Κ  Ή  Φ  Α  Ρ  Γ  Ι  Ρ  Ε  Π
Ν  Ξ  Σ  Χ  Ω  Π  Έ  Ε  Η  Ψ  Π  Ω  Υ  Υ  Δ  Σ
Δ  Ο  Γ  Σ  Ύ  Γ  Κ  Ρ  Ι  Σ  Η  Ν  Λ  Δ  Λ  Έ
```

ΑΝΑΛΟΓΊΑ	ΕΊΔΟΣ
ΑΝΆΛΥΣΗ	ΜΕΤΑΦΟΡΆ
ΑΝΈΚΔΟΤΟ	ΠΟΙΗΤΙΚΉ
ΣΥΓΓΡΑΦΈΑΣ	ΡΥΘΜΟΎ
ΠΕΡΙΓΡΑΦΉ	ΜΥΘΙΣΤΌΡΗΜΑ
ΒΙΟΓΡΑΦΊΑ	ΣΥΜΠΈΡΑΣΜΑ
ΔΙΆΛΟΓΟΣ	ΣΤΥΛ
ΑΦΗΓΗΤΉΣ	ΘΈΜΑ
ΦΑΝΤΑΣΊΑ	ΤΡΑΓΩΔΊΑ
ΠΟΊΗΜΑ	ΣΎΓΚΡΙΣΗ

65 - Wandern

```
Η  Ε  Ο  Τ  Λ  Ι  Β  Ε  Π  Χ  Ψ  Π  Ε  Χ  Ο  Ρ
Γ  Π  Ι  Ο  Β  Δ  Ψ  Α  Λ  Ω  Β  Α  Μ  Ί  Λ  Κ
Ν  Ε  Ρ  Ό  Ρ  Ω  Έ  Ώ  Ρ  Γ  Β  Ρ  Κ  Σ  Υ  Γ
Ο  Π  Γ  Β  Ά  Ε  Ρ  Ζ  Χ  Ι  Π  Α  Ρ  Ρ  Έ  Ν
Ψ  Λ  Ά  Ρ  Χ  Ρ  Η  Τ  Β  Υ  Ά  Σ  Μ  Δ  Ά  Ι
Γ  Μ  Δ  Ή  Ο  Υ  Ή  Λ  Ι  Ο  Σ  Κ  Ω  Ι  Ξ  Π
Ψ  Π  Η  Φ  Ί  Ί  Μ  Α  Ψ  Ψ  Ι  Ε  Τ  Ω  Β  Μ
Ω  Χ  Π  Υ  Ε  Έ  Α  Χ  Έ  Ί  Μ  Υ  Π  Ρ  Α  Ά
Κ  Α  Ι  Ρ  Ό  Σ  Ε  Τ  Ό  Π  Μ  Ή  Ε  Ί  Ν  Κ
Ο  Β  Σ  Ο  Ν  Έ  Μ  Σ  Α  Ρ  Υ  Ο  Κ  Β  Η  Σ
Λ  Δ  Έ  Κ  Υ  Σ  Ρ  Β  Ρ  Φ  Ω  Μ  Γ  Ξ  Π  Υ
Υ  Ρ  Υ  Ω  Ο  Χ  Ά  Ρ  Τ  Η  Ύ  Γ  Ξ  Λ  Ο  Α
Δ  Δ  Έ  Χ  Β  Β  Έ  Ν  Έ  Ι  Σ  Σ  Ί  Χ  Ψ  Π
Ρ  Χ  Β  Π  Υ  Β  Ί  Γ  Π  Η  Ν  Δ  Η  Μ  Ν
Λ  Γ  Α  Χ  Χ  Ο  Ρ  Έ  Ω  Ω  Ο  Δ  Η  Γ  Ο  Ί
Γ  Γ  Ψ  Ε  Δ  Μ  Τ  Ί  Δ  Π  Α  Σ  Ν  Α  Σ  Ι
```

ΒΟΥΝΌ	ΒΑΡΙΆ
ΚΆΜΠΙΝΓΚ	ΉΛΙΟΣ
ΟΔΗΓΟΊ	ΠΈΤΡΑ
ΚΟΡΥΦΉ	ΜΠΌΤΕΣ
ΧΆΡΤΗ	ΖΏΑ
ΚΛΊΜΑ	ΠΑΡΑΣΚΕΥΉ
ΒΡΆΧΟ	ΝΕΡΌ
ΚΟΥΡΑΣΜΈΝΟΣ	ΚΑΙΡΌΣ
ΦΎΣΗ	ΆΓΡΙΟ
ΠΆΡΚΑ	

66 - Länder #2

```
Σ Χ Ι Π Γ Ξ Τ Ξ Π Τ Ψ Σ Α Ί Έ Ε
Χ Ο Μ Χ Σ Ο Ψ Η Α Τ Ν Ξ Ι Α Ξ Δ
Ε Λ Υ Ν Ε Π Ά Λ Κ Ι Υ Α Θ Υ Π Η
Ι Α Ί Δ Ν Α Λ Ρ Ι Χ Ξ Ψ Ι Ψ Β Μ
Ξ Ν Μ Ο Ά Δ Ψ Π Σ Γ Ω Χ Ο Α Γ Ε
Έ Λ Η Μ Ι Ν Ε Ή Τ Ϊ Α Ξ Π Ί Χ Ρ
Ο Υ Γ Κ Ά Ν Τ Α Ά Ο Λ Α Ί Ρ Υ Σ
Κ Έ Ν Υ Α Μ Ξ Κ Ν Υ Δ Ί Α Ε Ξ Ν
Α Ι Μ Χ Ί Ε Ί Ι Π Κ Λ Ρ Ί Β Τ Ξ
Δ Λ Η Δ Σ Ξ Ο Ά Γ Ρ Ξ Η Λ Ι Η Σ
Ά Π Β Μ Ω Ι Σ Μ Χ Α Η Γ Λ Β Μ
Λ Ρ Ι Α Ρ Κ Χ Α Η Ν Υ Ι Α Ξ Ι Ρ
Λ Ε Ι Ί Ν Ό Β Ζ Γ Ί Δ Ν Γ Υ Η Η
Ε Β Μ Λ Χ Ί Τ Τ Ψ Α Έ Β Ί Γ Χ Β
Ψ Π Χ Λ Ω Ι Α Ί Ν Ω Π Α Ι Μ Ρ Σ
Ρ Η Ο Σ Ε Μ Ψ Π Ψ Σ Ο Λ Ά Ο Σ Ρ
```

ΑΛΒΑΝΊΑ	ΛΙΒΕΡΊΑ
ΑΙΘΙΟΠΊΑ	ΜΕΞΙΚΌ
ΓΑΛΛΊΑ	ΝΕΠΆΛ
ΕΛΛΆΔΑ	ΝΙΓΗΡΊΑ
ΑΪΤΉ	ΠΑΚΙΣΤΆΝ
ΙΡΛΑΝΔΊΑ	ΡΩΣΊΑ
ΤΖΑΜΆΙΚΑ	ΣΟΥΔΆΝ
ΙΑΠΩΝΊΑ	ΣΥΡΊΑ
ΚΈΝΥΑ	ΟΥΓΚΆΝΤΑ
ΛΆΟΣ	ΟΥΚΡΑΝΊΑ

67 - Fahrzeuge

Π	Ο	Δ	Ή	Λ	Α	Τ	Ο	Ν	Ά	Λ	Π	Ο	Ρ	Ε	Α
Τ	Ρ	Ο	Χ	Ό	Σ	Π	Ι	Τ	Ο	Ω	Ω	Χ	Ρ	Ε	Ξ
Τ	Ρ	Έ	Ν	Ο	Έ	Η	Ό	Ρ	Τ	Ε	Μ	Υ	Ν	Α	Ψ
Ί	Ο	Ε	Η	Σ	Ν	Λ	Χ	Λ	Η	Δ	Α	Λ	Ν	Τ	Α
Π	Ο	Ρ	Θ	Μ	Ε	Ί	Ο	Ε	Ν	Μ	Ε	Ε	Α	Έ	Σ
Λ	Η	Ι	Δ	Η	Β	Χ	Ε	Ω	Ί	Ξ	Ο	Γ	Γ	Κ	Θ
Ρ	Ά	Έ	Ρ	Ω	Ω	Ο	Λ	Φ	Κ	Χ	Έ	Τ	Δ	Υ	Ε
Έ	Ε	Σ	Τ	Λ	Ε	Τ	Ι	Ο	Ο	Λ	Η	Ε	Έ	Ο	Ν
Τ	Φ	Τ	Τ	Λ	Τ	Σ	Κ	Ρ	Τ	Σ	Ν	Α	Β	Ρ	Ο
Κ	Ο	Α	Ύ	Ι	Α	Ε	Ό	Ε	Υ	Ν	Ί	Β	Η	Ε	Φ
Α	Ρ	Ξ	Λ	Ο	Χ	Ρ	Π	Ί	Α	Ί	Δ	Ε	Χ	Σ	Ό
Ρ	Τ	Ί	Ψ	Α	Κ	Α	Τ	Ο	Κ	Δ	Π	Ρ	Γ	Ξ	Ρ
Τ	Η	Ρ	Π	Η	Έ	Σ	Ε	Τ	Ρ	Ο	Δ	Λ	Π	Ρ	Ο
Γ	Γ	Π	Μ	Γ	Υ	Δ	Ρ	Μ	Ά	Η	Ω	Ν	Ε	Λ	Ρ
Ο	Ό	Γ	Μ	Έ	Ψ	Ρ	Ο	Έ	Β	Έ	Ν	Ν	Ι	Α	Ψ
Υ	Π	Ο	Β	Ρ	Ύ	Χ	Ι	Ο	Σ	Ι	Μ	Γ	Ε	Β	Ι

ΑΥΤΟΚΊΝΗΤΟ	ΜΟΤΈΡ
ΒΆΡΚΑ	ΡΟΥΚΈΤΑ
ΛΕΩΦΟΡΕΊΟ	ΛΆΣΤΙΧΑ
ΠΟΔΉΛΑΤΟ	ΣΚΟΎΤΕΡ
ΠΟΡΘΜΕΊΟ	ΤΑΞΊ
ΣΧΕΔΊΑ	ΤΡΑΚΤΈΡ
ΑΕΡΟΠΛΆΝΟ	ΜΕΤΡΌ
ΕΛΙΚΌΠΤΕΡΟ	ΥΠΟΒΡΎΧΙΟ
ΑΣΘΕΝΟΦΌΡΟ	ΤΡΟΧΌΣΠΙΤΟ
ΦΟΡΤΗΓΌ	ΤΡΈΝΟ

68 - Musikinstrumente

```
Ι  Ε  Ί  Χ  Σ  Β  Ν  Ε  Ο  Ρ  Υ  Α  Δ  Ι  Κ  Υ
Π  Ε  Σ  Δ  Α  Μ  Ι  Φ  Έ  Τ  Ν  Β  Ί  Ρ  Ι  Β
Ί  Ί  Ω  Ί  Ο  Γ  Ν  Ο  Τ  Ό  Κ  Γ  Α  Φ  Θ  Ω
Φ  Λ  Ά  Ο  Υ  Τ  Ο  Β  Λ  Σ  Ψ  Υ  Π  Έ  Ά  Ξ
Β  Ο  Δ  Γ  Ι  Ν  Ό  Π  Μ  Ο  Ρ  Τ  Ρ  Ο  Ρ  Έ
Δ  Ι  Λ  Έ  Σ  Ι  Ί  Μ  Μ  Ν  Ν  Β  Ά  Υ  Α  Έ
Γ  Β  Μ  Α  Ρ  Β  Γ  Α  Π  Ω  Σ  Τ  Η  Ο  Ψ  Λ
Κ  Σ  Μ  Π  Ά  Ν  Τ  Ζ  Ο  Ο  Σ  Χ  Σ  Τ  Έ  Β
Ο  Α  Λ  Μ  Β  Δ  Τ  Ε  Ο  Ν  Ε  Β  Ύ  Έ  Ω  Χ
Ν  Ξ  Ψ  Ί  Ψ  Χ  Σ  Ύ  Ψ  Ά  Ε  Ί  Ο  Ν  Λ  Ω
Γ  Ό  Η  Ρ  Δ  Έ  Σ  Ί  Μ  Ι  Έ  Χ  Ρ  Ι  Τ  Ο
Κ  Φ  Π  Α  Έ  Ο  Λ  Ί  Ψ  Π  Χ  Π  Κ  Ρ  Ρ  Η
Ι  Ω  Ί  Μ  Ί  Έ  Έ  Ω  Έ  Τ  Α  Β  Ι  Α  Ξ  Ι
Μ  Ν  Τ  Ρ  Ο  Μ  Π  Έ  Τ  Α  Ν  Ν  Γ  Λ  Ψ  Ο
Α  Ο  Ν  Ί  Λ  Ο  Τ  Ν  Α  Μ  Έ  Χ  Ο  Κ  Έ  Δ
Φ  Υ  Σ  Α  Ρ  Μ  Ό  Ν  Ι  Κ  Α  Ξ  Υ  Σ  Ψ  Ω
```

ΜΠΆΝΤΖΟ	ΜΑΝΤΟΛΊΝΟ
ΒΙΟΛΟΝΤΣΈΛΟ	ΜΑΡΊΜΠΑ
ΦΑΓΚΌΤΟ	ΦΥΣΑΡΜΌΝΙΚΑ
ΦΛΆΟΥΤΟ	ΌΜΠΟΕ
ΒΙΟΛΊ	ΤΡΟΜΠΌΝΙ
ΚΙΘΆΡΑ	ΣΑΞΌΦΩΝΟ
ΓΚΟΝΓΚ	ΚΡΟΎΣΗ
ΆΡΠΑ	ΝΤΈΦΙ
ΚΛΑΡΙΝΈΤΟ	ΤΎΜΠΑΝΟ
ΠΙΆΝΟ	ΤΡΟΜΠΈΤΑ

69 - Blumen

```
Π  Ο  Μ  Β  Γ  Ψ  Λ  Γ  Τ  Μ  Ο  Λ  Α  Τ  Έ  Π
Λ  Ι  Τ  Α  Ί  Ν  Ω  Ι  Α  Π  Υ  Π  Β  Ρ  Ί  Μ
Ε  Π  Κ  Σ  Ψ  Χ  Η  Α  Ξ  Ο  Τ  Α  Γ  Ι  Ο  Α
Β  Ό  Κ  Ρ  Σ  Α  Η  Σ  Π  Υ  Ε  Π  Α  Α  Γ  Ν
Ά  Ρ  Η  Ρ  Α  Χ  Έ  Ε  Ρ  Κ  Ψ  Α  Ρ  Ν  Ο  Ό
Ν  Τ  Ψ  Π  Ί  Λ  Ι  Μ  Σ  Έ  Ε  Ρ  Δ  Τ  Ρ  Λ
Τ  Ο  Π  Δ  Ε  Ν  Ί  Ί  Μ  Τ  Γ  Ο  Έ  Ά  Χ  Ι
Α  Ι  Σ  Τ  Ο  Α  Ο  Δ  Τ  Ο  Μ  Ύ  Ν  Φ  Ι  Α
Χ  Λ  Η  Β  Τ  Μ  Ρ  Σ  Α  Ρ  Η  Ν  Ι  Υ  Δ  Γ
Ι  Η  Π  Α  Σ  Χ  Α  Λ  Ι  Ά  Ι  Α  Α  Λ  Έ  Μ
Β  Μ  Α  Ρ  Γ  Α  Ρ  Ί  Τ  Α  Έ  Φ  Τ  Λ  Α  Σ
Ί  Τ  Ο  Υ  Λ  Ί  Π  Α  Έ  Α  Η  Α  Ύ  Ο  Δ  Σ
Σ  Γ  Ρ  Π  Α  Σ  Σ  Ι  Φ  Λ  Ό  Ρ  Α  Λ  Τ  Ν
Κ  Ω  Η  Ι  Τ  Π  Λ  Α  Ω  Λ  Ο  Ι  Σ  Υ  Λ  Ω
Ο  Ρ  Χ  Ί  Χ  Γ  Λ  Ω  Μ  Μ  Η  Τ  Ν  Α  Π  Ι
Σ  Α  Ρ  Σ  Δ  Α  Η  Η  Μ  Λ  Σ  Ί  Μ  Π  Μ  Ξ
```

ΠΈΤΑΛΟ
ΓΑΡΔΈΝΙΑ
ΜΑΡΓΑΡΊΤΑ
ΙΒΊΣΚΟΣ
ΓΙΑΣΕΜΊ
ΤΡΙΦΎΛΛΙ
ΛΕΒΆΝΤΑ
ΠΑΣΧΑΛΙΆ
ΚΡΊΝΟΣ
ΠΙΚΡΑΛΊΔΑ

ΜΑΝΌΛΙΑ
ΠΑΠΑΡΟΎΝΑ
ΟΡΧΙΔΈΑ
ΠΑΣΣΙΦΛΌΡΑ
ΠΑΙΩΝΊΑ
ΤΡΙΑΝΤΆΦΥΛΛΟ
ΗΛΙΟΤΡΌΠΙΟ
ΜΠΟΥΚΈΤΟ
ΤΟΥΛΊΠΑ

70 - Natur

```
Ά  Δ  Τ  Ο  Μ  Π  Ο  Α  Β  Ο  Ξ  Ι  Ρ  Ι  Μ  Ν
Ι  Γ  Ό  Ή  Ψ  Ο  Μ  Ρ  Ο  Η  Δ  Υ  Ί  Ε  Έ  Ω
Φ  Υ  Ρ  Κ  Α  Τ  Ί  Κ  Υ  Γ  Σ  Α  Β  Ξ  Λ  Ω
Ρ  Β  Ε  Ι  Γ  Α  Χ  Τ  Ν  Π  Ν  Ψ  Χ  Δ  Ι  Ω
Ο  Τ  Ι  Μ  Ο  Μ  Λ  Ι  Ά  Α  Δ  Έ  Α  Ψ  Σ  Ξ
Μ  Έ  Β  Α  Ι  Ό  Η  Κ  Π  Γ  Σ  Α  Δ  Ψ  Σ  Ι
Ο  Υ  Ι  Ν  Γ  Σ  Υ  Ή  Δ  Ε  Δ  Ώ  Σ  Υ  Ε  Έ
Έ  Ί  Ξ  Υ  Ύ  Ι  Λ  Χ  Ί  Τ  Π  Ζ  Δ  Ο  Σ  Τ
Ν  Έ  Ι  Δ  Φ  Ο  Ν  Υ  Δ  Ώ  Τ  Ί  Ξ  Β  Σ  Ρ
Γ  Α  Τ  Ψ  Α  Μ  Α  Π  Η  Ν  Α  Χ  Ψ  Ν  Π  Ο
Ξ  Α  Έ  Σ  Τ  Η  Ι  Β  Τ  Α  Α  Η  Γ  Β  Ξ  Π
Μ  Ί  Λ  Σ  Α  Έ  Δ  Η  Β  Σ  Μ  Α  Η  Ψ  Χ  Ι
Ω  Β  Σ  Ή  Κ  Ι  Τ  Ω  Ζ  Ε  Ρ  Ή  Μ  Ο  Υ  Κ
Γ  Π  Ο  Ί  Ν  Φ  Ύ  Λ  Λ  Ω  Μ  Α  Η  Ω  Ν  Ή
Μ  Ψ  Ι  Ε  Ψ  Ι  Δ  Ι  Ά  Β  Ρ  Ω  Σ  Η  Χ  Γ
Έ  Μ  Ο  Χ  Υ  Δ  Ο  Ε  Ι  Ρ  Η  Ν  Ι  Κ  Ή  Ν
```

ΑΡΚΤΙΚΉ	ΦΎΛΛΩΜΑ
ΒΟΥΝΆ	ΖΩΤΙΚΉ
ΜΈΛΙΣΣΕΣ	ΟΜΊΧΛΗ
ΔΥΝΑΜΙΚΉ	ΟΜΟΡΦΙΆ
ΔΙΆΒΡΩΣΗ	ΚΑΤΑΦΎΓΙΟ
ΠΟΤΑΜΌΣ	ΖΏΑ
ΕΙΡΗΝΙΚΉ	ΤΡΟΠΙΚΉ
ΠΑΓΕΤΏΝΑΣ	ΔΑΣΟΣ
ΙΕΡΌ	ΆΓΡΙΟ
ΓΑΛΉΝΙΟ	ΕΡΉΜΟΥ

71 - Urlaub #2

```
Ξ  Μ  Ψ  Ω  Μ  Η  Τ  Π  Έ  Υ  Υ  Τ  Ρ  Ω  Ψ  Χ
Α  Ε  Π  Ε  Π  Υ  Ν  Α  Α  Σ  Σ  Α  Λ  Ά  Θ  Ά
Ν  Β  Ν  Β  Ί  Ζ  Α  Ρ  Π  Έ  Ν  Ξ  Μ  Μ  Μ  Ρ
Α  Ο  Έ  Ο  Ο  Χ  Η  Α  Γ  Σ  Γ  Ί  Ο  Σ  Λ  Τ
Ψ  Υ  Σ  Ι  Δ  Ο  Ν  Λ  Β  Ν  Α  Δ  Δ  Ό  Ί  Η
Υ  Ν  Τ  Ρ  Μ  Ο  Μ  Ί  Κ  Γ  Ν  Ι  Π  Μ  Ά  Κ
Χ  Ά  Ι  Ή  Ι  Χ  Χ  Α  Δ  Σ  Δ  Τ  Ο  Σ  Τ  Α
Ή  Ε  Α  Τ  Χ  Τ  Ί  Ε  Ξ  Ρ  Ν  Β  Ω  Ι  Ν  Ε
Ν  Π  Τ  Α  Χ  Α  Ω  Ί  Ί  Ί  Μ  Μ  Τ  Ρ  Τ  Ρ
Η  Μ  Ό  Β  Μ  Ξ  Υ  Ρ  Η  Ο  Ε  Ψ  Ψ  Ο  Δ  Ο
Κ  Ε  Ρ  Α  Α  Ί  Χ  Μ  Τ  Ν  Τ  Β  Γ  Ο  Χ  Δ
Σ  Η  Ι  Ι  Χ  Έ  Ξ  Ξ  Β  Έ  Α  Δ  Δ  Ρ  Γ  Ρ
Ί  Χ  Ο  Δ  Ρ  Π  Ο  Ο  Μ  Ρ  Φ  Υ  Ξ  Π  Χ  Ό
Έ  Υ  Ν  Η  Σ  Ί  Σ  Η  Λ  Τ  Ο  Ξ  Ξ  Ε  Ι  Μ
Λ  Ο  Έ  Η  Υ  Σ  Μ  Γ  Δ  Γ  Ρ  Ι  Ι  Υ  Ι  Ι
Υ  Ο  Ξ  Β  Ρ  Χ  Ο  Ξ  Ε  Ι  Ά  Ε  Η  Ξ  Χ  Ο
```

ΞΈΝΟ	ΤΑΞΊΔΙ
ΒΟΥΝΆ	ΕΣΤΙΑΤΌΡΙΟ
ΚΆΜΠΙΝΓΚ	ΠΑΡΑΛΊΑ
ΑΕΡΟΔΡΌΜΙΟ	ΤΑΞΊ
ΑΝΑΨΥΧΉ	ΜΕΤΑΦΟΡΆ
ΞΕΝΟΔΟΧΕΊΟ	ΒΊΖΑ
ΝΗΣΊ	ΣΚΗΝΉ
ΧΆΡΤΗ	ΠΡΟΟΡΙΣΜΌΣ
ΘΆΛΑΣΣΑ	ΤΡΈΝΟ
ΔΙΑΒΑΤΉΡΙΟ	

72 - Barbecues

```
Μ  Ρ  Υ  Η  Ο  Μ  Ή  Κ  Ι  Σ  Υ  Ο  Μ  Π  Ψ  Π
Ξ  Γ  Π  Ρ  Ν  Ν  Ι  Α  Ν  Ί  Ε  Π  Ξ  Α  Ξ  Α
Υ  Ξ  Π  Ε  Ι  Η  Ψ  Λ  Ι  Λ  Ρ  Ω  Τ  Ι  Λ  Ι
Ο  Λ  Υ  Ο  Π  Ό  Τ  Ο  Κ  Ρ  Ρ  Β  Ψ  Δ  Υ  Χ
Σ  Γ  Δ  Ν  Έ  Τ  Ξ  Κ  Ί  Χ  Ί  Ρ  Ψ  Ί  Σ  Ν
Έ  Ά  Π  Έ  Ε  Σ  Ο  Α  Τ  Ά  Λ  Α  Σ  Μ  Β  Ί
Ρ  Ξ  Λ  Έ  Ν  Ε  Χ  Ί  Ψ  Α  Μ  Μ  Χ  Ξ  Σ  Δ
Χ  Σ  Έ  Τ  Έ  Ζ  Α  Ρ  Ά  Χ  Σ  Ύ  Λ  Α  Χ  Ι
Ι  Ξ  Π  Λ  Σ  Ρ  Ω  Ι  Ρ  Ι  Μ  Ε  Σ  Α  Μ  Α
Π  Π  Δ  Β  Π  Α  Φ  Έ  Ι  Δ  Ο  Γ  Λ  Μ  Έ  Ι
Μ  Ε  Δ  Β  Δ  Ξ  Ξ  Ρ  Ι  Ξ  Ψ  Ε  Ο  Τ  Γ  Ε
Λ  Α  Χ  Α  Ν  Ι  Κ  Ά  Ο  Ν  Π  Ί  Ε  Δ  Ρ  Έ
Μ  Α  Γ  Ε  Ί  Ρ  Ε  Μ  Α  Ύ  Β  Α  Γ  Ο  Ί  Ω
Ξ  Π  Ι  Ρ  Ο  Ύ  Ν  Ι  Α  Ο  Τ  Η  Ι  Β  Έ  Η
Ψ  Ω  Α  Α  Β  Α  Ι  Ε  Ν  Έ  Γ  Ο  Κ  Ι  Ο  Β
Ω  Ε  Η  Π  Η  Α  Λ  Ά  Τ  Ι  Ρ  Έ  Π  Ι  Π  Υ
```

ΔΕΊΠΝΟ	ΜΑΓΕΊΡΕΜΑ
ΟΙΚΟΓΈΝΕΙΑ	ΜΑΧΑΊΡΙΑ
ΦΡΟΎΤΟ	ΓΕΎΜΑ
ΠΙΡΟΎΝΙΑ	ΜΟΥΣΙΚΉ
ΛΑΧΑΝΙΚΆ	ΠΙΠΈΡΙ
ΣΧΆΡΑ	ΣΑΛΆΤΑ
ΖΕΣΤΌ	ΑΛΆΤΙ
ΚΟΤΌΠΟΥΛΟ	ΚΑΛΟΚΑΊΡΙ
ΠΕΊΝΑ	ΣΆΛΤΣΑ
ΠΑΙΔΊ	ΠΑΙΧΝΊΔΙΑ

73 - Küche

```
Ξ  Μ  Υ  Ε  Δ  Η  Ψ  Ό  Κ  Ι  Ρ  Α  Χ  Α  Π  Μ
Έ  Υ  Λ  Η  Υ  Δ  Μ  Ω  Ν  Ο  Ί  Ε  Γ  Υ  Ψ  Ί
Ω  Β  Λ  Ο  Π  Μ  Γ  Π  Ί  Τ  Υ  Ι  Π  Ψ  Σ  Π
Μ  Ρ  Ψ  Ά  Ί  Ξ  Έ  Δ  Ω  Η  Ί  Τ  Μ  Γ  Τ  Ο
Τ  Α  Ι  Κ  Κ  Α  Λ  Λ  Ε  Π  Ύ  Κ  Ά  Ω  Ξ  Χ
Μ  Σ  Ε  Υ  Α  Ι  Φ  Ο  Ύ  Ρ  Ν  Ο  Σ  Λ  Τ  Ή
Α  Τ  Π  Ε  Λ  Ν  Α  Ρ  Ά  Χ  Σ  Ψ  Ο  Ψ  Ι  Γ
Χ  Ή  Ι  Ν  Ά  Ύ  Ά  Π  Ψ  Ξ  Δ  Μ  Ο  Ξ  Ρ  Α
Α  Ρ  Δ  Α  Τ  Ο  Ξ  Τ  Π  Υ  Δ  Ρ  Ι  Α  Ά  Τ
Ί  Α  Τ  Υ  Υ  Ρ  Έ  Τ  Α  Ν  Η  Π  Ί  Τ  Γ  Ν
Ρ  Σ  Π  Τ  Ο  Ι  Ω  Η  Ω  Μ  Α  Ί  Ε  Λ  Γ  Υ
Ι  Π  Ξ  Π  Κ  Π  Γ  Έ  Ω  Ι  Η  Έ  Ω  Ι  Υ  Σ
Α  Ο  Χ  Α  Ρ  Τ  Ο  Π  Ε  Τ  Σ  Έ  Τ  Α  Ο  Ψ
Ψ  Δ  Σ  Ρ  Ν  Β  Υ  Λ  Α  Δ  Σ  Π  Η  Υ  Φ  Ξ
Ν  Ι  Ξ  Υ  Σ  Τ  Ρ  Ο  Φ  Ή  Ο  Η  Α  Γ  Σ  Τ
Μ  Ά  Ί  Ψ  Ξ  Έ  Λ  Σ  Ν  Π  Ν  Γ  Ο  Ρ  Λ  Υ
```

ΤΡΟΦΉ	ΜΑΧΑΊΡΙΑ
ΞΥΛΆΚΙΑ	ΦΟΎΡΝΟΣ
ΠΙΡΟΎΝΙΑ	ΣΥΝΤΑΓΉ
ΜΠΑΧΑΡΙΚΌ	ΠΟΔΙΆ
ΣΧΆΡΑ	ΜΠΟΛ
ΚΟΥΤΆΛΑ	ΣΦΟΥΓΓΆΡΙ
ΚΑΝΆΤΑ	ΧΑΡΤΟΠΕΤΣΈΤΑ
ΨΥΓΕΊΟ	ΚΎΠΕΛΛΑ
ΚΟΥΤΆΛΙΑ	ΒΡΑΣΤΉΡΑΣ

74 - Geographie

```
Ω  Θ  Ι  Δ  Ε  Λ  Μ  Χ  Ξ  Ε  Ί  Ί  Ω  Ξ  Σ  Κ
Η  Ά  Ρ  Ρ  Ο  Β  Ο  Ά  Β  Ρ  Ι  Ο  Ί  Α  Ι  Ό
Η  Λ  Ό  Π  Δ  Ο  Ι  Ρ  Ί  Α  Φ  Σ  Ι  Μ  Η  Σ
Μ  Α  Ρ  Ώ  Χ  Ι  Γ  Τ  Η  Υ  Έ  Ρ  Γ  Μ  Μ
Ε  Σ  Β  Χ  Ο  Ψ  Ρ  Η  Π  Ε  Ρ  Ι  Ο  Χ  Ή  Ο
Σ  Σ  Ό  Μ  Α  Τ  Ο  Π  Δ  Λ  Μ  Ξ  Ι  Τ  Ί  Ο
Η  Α  Ά  Τ  Λ  Α  Ν  Τ  Α  Ξ  Δ  Ό  Δ  Ύ  Σ  Η
Μ  Ι  Ο  Δ  Δ  Ο  Ί  Ο  Ρ  Α  Ι  Π  Ψ  Ω  Δ  Β
Β  Ι  Β  Σ  Ό  Ν  Α  Ε  Κ  Ω  Α  Ε  Έ  Υ  Σ  Ρ
Ρ  Μ  Σ  Ο  Ι  Σ  Η  Μ  Ε  Ρ  Ι  Ν  Ό  Σ  Ο  Ι
Ι  Ι  Π  Φ  Υ  Τ  Β  Σ  Π  Ι  Γ  Ν  Χ  Ρ  Ρ  Ι
Ν  Σ  Χ  Α  Υ  Ν  Έ  Γ  Ψ  Ψ  Ε  Β  Μ  Π  Ι  Ρ
Ό  Δ  Μ  Δ  Χ  Τ  Ό  Κ  Ι  Φ  Α  Ρ  Γ  Ω  Ε  Γ
Χ  Έ  Ε  Έ  Β  Λ  Ω  Ι  Ο  Υ  Ρ  Ε  Η  Ψ  Π  Ο
Έ  Ί  Λ  Ί  Π  Χ  Ι  Χ  Π  Ι  Ο  Ο  Ί  Ω  Ή  Δ
Α  Ε  Έ  Ί  Ν  Η  Σ  Ί  Ρ  Υ  Ο  Σ  Γ  Ν  Τ  Μ
```

ΆΤΛΑΝΤΑ	ΧΏΡΑ
ΙΣΗΜΕΡΙΝΌΣ	ΓΕΩΓΡΑΦΙΚΌ
ΒΟΥΝΌ	ΘΆΛΑΣΣΑ
ΠΟΤΑΜΌΣ	ΜΕΣΗΜΒΡΙΝΌ
ΈΔΑΦΟΣ	ΒΟΡΡΆ
ΗΜΙΣΦΑΊΡΙΟ	ΩΚΕΑΝΌΣ
ΥΨΌΜΕΤΡΟ	ΠΕΡΙΟΧΗ
ΝΗΣΊ	ΠΌΛΗ
ΧΆΡΤΗ	ΚΌΣΜΟ
ΉΠΕΙΡΟΣ	ΔΎΣΗ

75 - Zahlen

```
Ε  Ν  Ν  Έ  Α  Ο  Ύ  Δ  Ω  Σ  Δ  Ί  Μ  Μ  Β  Δ
Δ  Ώ  Δ  Ε  Κ  Α  Τ  Ε  Ε  Ε  Έ  Υ  Η  Σ  Η  Ε
Ψ  Ί  Ω  Β  Υ  Μ  Π  Λ  Ε  Κ  Ί  Π  Δ  Ψ  Ρ  Κ
Α  Λ  Ρ  Ο  Τ  Λ  Η  Λ  Ί  Υ  Α  Ρ  Έ  Χ  Ε  Α
Ο  Ε  Ε  Λ  Γ  Σ  Σ  Ε  Κ  Υ  Έ  Π  Ν  Ω  Ο  Τ
Έ  Ρ  Ω  Σ  Α  Β  Β  Η  Ο  Ψ  Ν  Ι  Έ  Χ  Η  Ρ
Δ  Ε  Κ  Α  Ο  Κ  Τ  Ώ  Σ  Χ  Ν  Σ  Τ  Ν  Ά  Ί
Λ  Τ  Ι  Ώ  Τ  Κ  Ο  Ω  Ι  Ε  Ε  Η  Έ  Ν  Τ  Α
Ί  Ν  Δ  Ν  Ρ  Δ  Ω  Η  Υ  Ε  Α  Ε  Σ  Π  Π  Ε
Β  Έ  Τ  Τ  Ί  Η  Ε  Α  Η  Τ  Κ  Π  Σ  Β  Ε  Τ
Ί  Π  Σ  Μ  Α  Τ  Υ  Κ  Λ  Η  Ε  Τ  Ε  Ξ  Α  Ι
Δ  Ε  Κ  Α  Έ  Ξ  Ι  Λ  Α  Ψ  Δ  Ά  Ρ  Β  Κ  Έ
Τ  Δ  Ε  Ε  Κ  Ξ  Ξ  Υ  Ο  Δ  Δ  Ξ  Α  Ι  Ε  Ρ
Τ  Ί  Β  Ρ  Π  Έ  Έ  Σ  Ν  Ξ  Ι  Μ  Α  Η  Δ  Μ
Ξ  Η  Λ  Σ  Τ  Δ  Δ  Ξ  Ξ  Ψ  Υ  Κ  Ί  Δ  Τ  Ί
Δ  Ε  Κ  Α  Τ  Έ  Σ  Σ  Ε  Ρ  Α  Β  Ό  Μ  Π  Ξ
```

ΟΚΤΏ	ΈΞΙ
ΔΕΚΑΟΚΤΏ	ΔΕΚΑΈΞΙ
ΔΕΚΑΔΙΚΌ	ΕΠΤΆ
ΤΡΊΑ	ΔΕΚΑΕΠΤΆ
ΔΕΚΑΤΡΊΑ	ΤΈΣΣΕΡΑ
ΠΈΝΤΕ	ΔΕΚΑΤΈΣΣΕΡΑ
ΔΕΚΑΠΈΝΤΕ	ΔΈΚΑ
ΕΝΝΈΑ	ΕΊΚΟΣΙ
ΔΕΚΑΕΝΝΈΑ	ΔΎΟ
ΜΗΔΈΝ	ΔΏΔΕΚΑ

76 - Tage und Monate

```
Α  Ε  Ο  Ξ  Ε  Ρ  Ο  Ί  Β  Ε  Δ  Κ  Δ  Σ  Ρ  Ε
Η  Τ  Ρ  Ά  Τ  Ε  Τ  Α  Ο  Υ  Υ  Υ  Ε  Ά  Ο  Β
Υ  Ο  Ί  Ρ  Β  Μ  Ε  Ο  Ν  Μ  Ξ  Ρ  Υ  Β  Έ  Δ
Ο  Σ  Α  Ν  Ή  Μ  Τ  Ε  Α  Η  Χ  Ι  Τ  Β  Ν  Ο
Ί  Ν  Τ  Γ  Ω  Ε  Δ  Π  Β  Τ  Ι  Α  Έ  Α  Ι  Μ
Ν  Υ  Ο  Τ  Σ  Ύ  Ο  Γ  Υ  Α  Μ  Κ  Ρ  Τ  Ο  Ά
Υ  Ο  Ί  Ρ  Α  Υ  Ο  Ν  Α  Ι  Ή  Ή  Α  Ο  Υ  Δ
Ο  Ί  Ο  Κ  Τ  Ω  Β  Ρ  Ί  Ο  Υ  Ν  Υ  Ο  Λ  Α
Ι  Ρ  Ν  Υ  Δ  Ί  Π  Ψ  Σ  Ε  Ε  Σ  Ν  Ξ  Ί  Σ
Ξ  Β  Ρ  Χ  Γ  Ω  Μ  Ι  Α  Χ  Κ  Ν  Τ  Β  Ο  Ω
Η  Μ  Ε  Ρ  Ο  Λ  Ό  Γ  Ι  Ο  Σ  Ω  Χ  Β  Υ  Ν
Τ  Ε  Γ  Γ  Σ  Ε  Μ  Ν  Ν  Γ  Α  Π  Έ  Ξ  Η  Λ
Π  Τ  Ρ  Υ  Ο  Ί  Ρ  Α  Υ  Ο  Ρ  Β  Ε  Φ  Δ  Ρ
Μ  Π  Τ  Ρ  Ί  Τ  Η  Π  Α  Μ  Α  Λ  Ψ  Ι  Ω  Σ
Έ  Ε  Ί  Ξ  Δ  Β  Γ  Ί  Ν  Ρ  Π  Β  Ρ  Χ  Ω  Ψ
Π  Σ  Ο  Β  Ο  Δ  Ε  Κ  Ε  Μ  Β  Ρ  Ί  Ο  Υ  Η
```

ΑΥΓΟΎΣΤΟΥ	ΗΜΕΡΟΛΌΓΙΟ
ΔΕΚΕΜΒΡΊΟΥ	ΤΕΤΆΡΤΗ
ΤΡΊΤΗ	ΜΉΝΑΣ
ΠΈΜΠΤΗ	ΔΕΥΤΈΡΑ
ΦΕΒΡΟΥΑΡΊΟΥ	ΝΟΕΜΒΡΊΟΥ
ΠΑΡΑΣΚΕΥΉ	ΟΚΤΩΒΡΊΟΥ
ΕΤΟΣ	ΣΆΒΒΑΤΟ
ΙΑΝΟΥΑΡΊΟΥ	ΣΕΠΤΕΜΒΡΊΟΥ
ΙΟΥΛΊΟΥ	ΚΥΡΙΑΚΉ
ΙΟΥΝΊΟΥ	ΕΒΔΟΜΆΔΑ

77 - Das Unternehmen

Α	Δ	Ο	Γ	Ε	Σ	Β	Ρ	Ψ	Π	Ω	Ω	Β	Ξ	Λ	Έ
Ο	Β	Η	Σ	Η	Ρ	Ί	Ε	Χ	Ι	Π	Ε	Ι	Ε	Γ	Χ
Ε	Σ	Σ	Μ	Χ	Μ	Χ	Α	Ρ	Δ	Λ	Ω	Ο	Π	Π	Έ
Γ	Ί	Α	Β	Ι	Ο	Ν	Υ	Δ	Ν	Ί	Κ	Μ	Έ	Η	Κ
Σ	Ο	Ί	Ι	Σ	Ο	Δ	Ο	Ό	Ρ	Π	Σ	Η	Ν	Σ	Α
Ω	Χ	Σ	Ι	Ν	Ι	Υ	Χ	Ί	Ν	Ρ	Ί	Χ	Δ	Η	Ι
Γ	Ρ	Υ	Μ	Δ	Έ	Δ	Ρ	Ψ	Η	Ι	Χ	Α	Υ	Λ	Ν
Ψ	Ω	Ο	Μ	Ν	Α	Σ	Υ	Γ	Ί	Ρ	Μ	Ν	Σ	Ό	Ο
Ε	Ε	Ρ	Η	Π	Ί	Η	Ο	Ν	Ι	Μ	Π	Ί	Η	Χ	Τ
Ε	Δ	Α	Η	Ί	Π	Ί	Ξ	Δ	Α	Κ	Χ	Α	Δ	Σ	Ό
Η	Μ	Π	Π	Ξ	Δ	Έ	Ί	Γ	Α	Τ	Ή	Η	Ε	Α	Μ
Μ	Ο	Ν	Ά	Δ	Ε	Σ	Α	Τ	Η	Τ	Ό	Ι	Ο	Π	Ο
Ή	Έ	Ω	Ι	Α	Π	Ό	Φ	Α	Σ	Η	Υ	Τ	Ε	Α	Ε
Φ	Β	Ρ	Π	Α	Γ	Κ	Ό	Σ	Μ	Ι	Α	Μ	Η	Ξ	Α
Τ	Τ	Ό	Ί	Ω	Η	Ί	Ω	Π	Ρ	Ο	Ϊ	Ό	Ν	Τ	Ε
Ψ	Δ	Π	Ο	Η	Ρ	Ρ	Ί	Ν	Υ	Ι	Σ	Μ	Ί	Υ	Α

ΑΠΑΣΧΌΛΗΣΗ	ΕΠΈΝΔΥΣΗ
ΜΟΝΆΔΕΣ	ΔΗΜΙΟΥΡΓΙΚΉ
ΈΣΟΔΑ	ΔΥΝΑΤΌΤΗΤΑ
ΑΠΌΦΑΣΗ	ΠΑΡΟΥΣΊΑΣΗ
ΠΡΌΟΔΟΣ	ΠΡΟΪΌΝ
ΕΠΙΧΕΊΡΗΣΗ	ΠΟΙΌΤΗΤΑ
ΠΑΓΚΌΣΜΙΑ	ΠΌΡΩΝ
ΒΙΟΜΗΧΑΝΊΑ	ΚΊΝΔΥΝΟΙ
ΚΑΙΝΟΤΟΜΟ	ΦΉΜΗ

78 - Kräuterkunde

```
Τ  Ν  Μ  Ά  Ρ  Α  Θ  Ο  Υ  Χ  Τ  Η  Ί  Δ  Δ  Μ
Θ  Ψ  Σ  Α  Τ  Η  Τ  Ό  Ι  Ο  Π  Λ  Γ  Ί  Ε  Α
Ρ  Υ  Γ  Τ  Β  Α  Σ  Ι  Λ  Ι  Κ  Ο  Ύ  Τ  Ν  Ν
Ν  Β  Μ  Ν  Ω  Ι  Λ  Ο  Ο  Σ  Μ  Η  Γ  Ό  Δ  Τ
Υ  Λ  Ρ  Ά  Π  Ρ  Ά  Σ  Ι  Ν  Ο  Σ  Ξ  Κ  Ρ  Ζ
Σ  Ή  Ω  Β  Ρ  Μ  Λ  Ο  Υ  Λ  Ο  Ύ  Δ  Ι  Ο  Ο
Ο  Κ  Ί  Ε  Β  Ι  Α  Ο  Γ  Ο  Α  Ε  Α  Τ  Λ  Υ
Κ  Ι  Ό  Λ  Α  Ί  Ί  Γ  Έ  Ί  Ρ  Γ  Π  Α  Ί  Ρ
Ο  Τ  Ξ  Ρ  Ι  Ω  Ρ  Β  Ε  Ν  Σ  Ι  Α  Μ  Β  Ά
Ρ  Ε  Σ  Β  Δ  Έ  Ο  Ι  Ψ  Ι  Ν  Έ  Ω  Ω  Α  Ν
Κ  Γ  Υ  Τ  Τ  Ο  Λ  Ρ  Β  Λ  Ρ  Α  Ι  Ρ  Ν  Α
Γ  Ρ  Μ  Α  Ϊ  Ν  Τ  Α  Ν  Ό  Σ  Ι  Η  Α  Ο  Β
Δ  Ε  Ε  Σ  Τ  Ρ  Α  Γ  Κ  Ό  Ν  Ξ  Κ  Β  Υ  Π
Σ  Υ  Έ  Έ  Ά  Ν  Η  Θ  Ο  Γ  Ε  Υ  Π  Ή  Ν  Γ
Ξ  Ε  Ψ  Σ  Υ  Σ  Τ  Α  Τ  Ι  Κ  Ό  Γ  Έ  Π  Ι
Λ  Λ  Λ  Λ  Σ  Ρ  Τ  Π  Τ  Κ  Ή  Π  Ο  Σ  Γ  Σ
```

ΑΡΩΜΑΤΙΚΌ	ΜΑΓΕΙΡΙΚΉ
ΒΑΣΙΛΙΚΟΎ	ΛΕΒΆΝΤΑ
ΛΟΥΛΟΎΔΙ	ΜΑΝΤΖΟΥΡΆΝΑ
ΆΝΗΘΟ	ΜΑΪΝΤΑΝΌΣ
ΕΣΤΡΑΓΚΌΝ	ΠΟΙΌΤΗΤΑ
ΜΆΡΑΘΟ	ΔΕΝΔΡΟΛΊΒΑΝΟ
ΚΉΠΟΣ	ΚΡΟΚΟΣ
ΓΕΎΣΗ	ΘΥΜΆΡΙ
ΠΡΆΣΙΝΟ	ΕΥΕΡΓΕΤΙΚΉ
ΣΚΌΡΔΟ	ΣΥΣΤΑΤΙΚΌ

79 - Aktivitäten und Freizeit

```
Ψ  Ο  Μ  Υ  Η  Μ  Χ  Η  Ω  Α  Ω  Ξ  Β  Ε  Β  Κ
Ά  Β  Π  Π  Ω  Α  Α  Μ  Γ  Η  Χ  Μ  Π  Ο  Ξ  Ο
Ρ  Ί  Σ  Ξ  Ι  Ί  Λ  Ξ  Π  Ο  Η  Λ  Μ  Ν  Γ  Λ
Ε  Λ  Ι  Δ  Ί  Ξ  Α  Τ  Α  Έ  Β  Η  Υ  Ε  Κ  Ύ
Μ  Ή  Κ  Ι  Φ  Α  Ρ  Γ  Ω  Ζ  Ι  Ό  Γ  Χ  Ο  Μ
Α  Κ  Ι  Π  Δ  Σ  Ω  Σ  Έ  Τ  Ο  Ζ  Λ  Ρ  Λ  Β
Κ  Ά  Τ  Έ  Η  Γ  Τ  Α  Ω  Έ  Ψ  Ι  Μ  Ε  Φ  Η
Α  Μ  Έ  Έ  Ξ  Τ  Ι  Έ  Ξ  Ν  Χ  Ι  Π  Π  Ϊ  Σ
Τ  Π  Λ  Α  Χ  Β  Κ  Γ  Ν  Ι  Φ  Ρ  Έ  Σ  Ο  Η
Α  Ι  Σ  Ο  Γ  Ν  Ό  Ι  Ο  Σ  Έ  Ε  Ν  Τ  Λ  Λ
Δ  Ν  Ο  Ε  Ω  Ρ  Η  Κ  Η  Π  Ο  Υ  Ρ  Ι  Κ  Ή
Ύ  Γ  Ί  Ο  Α  Μ  Π  Ο  Δ  Ό  Σ  Φ  Α  Ι  Ρ  Ο
Σ  Κ  Υ  Ψ  Π  Ί  Μ  Π  Ά  Σ  Κ  Ε  Τ  Π  Ο  Η
Ε  Μ  Β  Π  Ε  Ζ  Ο  Π  Ο  Ρ  Ί  Α  Χ  Μ  Ε  Δ
Ι  Ω  Ω  Α  Ρ  Β  Ί  Ω  Ο  Β  Χ  Ο  Ο  Ό  Ε  Ε
Σ  Π  Τ  Ν  Τ  Υ  Η  Δ  Σ  Δ  Α  Π  Σ  Χ  Ν  Δ
```

ΨΆΡΕΜΑ	ΧΌΜΠΙ
ΜΠΈΙΖΜΠΟΛ	ΤΈΧΝΗ
ΜΠΆΣΚΕΤ	ΤΑΞΊΔΙ
ΜΠΟΞ	ΚΟΛΎΜΒΗΣΗ
ΚΆΜΠΙΝΓΚ	ΣΈΡΦΙΝΓΚ
ΧΑΛΑΡΩΤΙΚΌ	ΚΑΤΑΔΎΣΕΙΣ
ΠΟΔΌΣΦΑΙΡΟ	ΤΈΝΙΣ
ΚΗΠΟΥΡΙΚΉ	ΒΌΛΕΪ
ΖΩΓΡΑΦΙΚΉ	ΠΕΖΟΠΟΡΊΑ
ΓΚΟΛΦ	

80 - Formen

```
Ν  Ε  Ι  Σ  Ο  Β  Ύ  Κ  Ρ  Ο  Ρ  Ε  Τ  Ο  Η  Ψ
Ε  Μ  Ι  Ι  Ά  Ρ  Υ  Ε  Λ  Π  Ί  Τ  Ρ  Β  Τ  Ί
Κ  Ύ  Κ  Λ  Ο  Σ  Θ  Τ  Τ  Μ  Μ  Γ  Ι  Ά  Ω  Ξ
Σ  Φ  Α  Ί  Ρ  Α  Δ  Ο  Ό  Έ  Ξ  Χ  Γ  Λ  Χ  Ν
Ο  Υ  Π  Ρ  Ί  Σ  Μ  Α  Γ  Ξ  Ξ  Ι  Ώ  Ρ  Ε  Α
Ν  Π  Π  Α  Μ  Ξ  Υ  Τ  Ξ  Ώ  Ο  Υ  Ν  Ξ  Ν  Ν
Ώ  Ο  Ι  Ε  Η  Β  Ί  Ί  Ε  Έ  Ν  Β  Ο  Σ  Υ  Λ
Κ  Λ  Ν  Γ  Ρ  Β  Η  Η  Ί  Π  Έ  Ι  Υ  Έ  Έ  Γ
Η  Ύ  Η  Ψ  Κ  Β  Σ  Β  Λ  Ι  Ξ  Δ  Ο  Ν  Ε  Ω
Ε  Γ  Ε  Ε  Ά  Ψ  Ο  Έ  Λ  Λ  Ε  Ι  Ψ  Η  Η  Ν
Τ  Ω  Ω  Σ  Ο  Μ  Η  Λ  Ύ  Π  Μ  Α  Κ  Α  Η  Ί
Χ  Ν  Ί  Χ  Ψ  Χ  Ε  Γ  Ή  Μ  Μ  Α  Ρ  Γ  Ε  Α
Σ  Ο  Ρ  Δ  Ν  Ι  Λ  Ύ  Κ  Ξ  Α  Ο  Τ  Δ  Υ  Ε
Π  Υ  Ρ  Α  Μ  Ί  Δ  Α  Σ  Χ  Β  Ο  Σ  Π  Μ  Λ
Π  Λ  Α  Τ  Ε  Ί  Α  Ξ  Δ  Ε  Δ  Γ  Ν  Ί  Τ  Γ
Α  Δ  Α  Ν  Λ  Α  Ο  Ν  Ε  Λ  Ο  Π  Ξ  Μ  Ί  Γ
```

ΤΌΞΟ	ΓΡΑΜΜΉ
ΤΡΙΓΏΝΟΥ	ΟΒΆΛ
ΓΩΝΊΑ	ΠΟΛΎΓΩΝΟ
ΈΛΛΕΙΨΗ	ΠΡΊΣΜΑ
ΥΠΕΡΒΟΛΉ	ΠΥΡΑΜΊΔΑ
ΆΚΡΗ	ΠΛΑΤΕΊΑ
ΚΏΝΟΣ	ΟΡΘΟΓΏΝΙΟ
ΚΎΚΛΟΣ	ΠΛΕΥΡΆ
ΣΦΑΊΡΑ	ΚΎΒΟΣ
ΚΑΜΠΎΛΗ	ΚΎΛΙΝΔΡΟΣ

81 - Musik

```
Ο Ξ Μ Α Υ Τ Ο Σ Χ Ε Δ Ι Ά Σ Ε Ι
Υ Δ Ε Ε Ε Μ Π Α Λ Ά Ν Τ Α Έ Τ Ξ
Β Ί Δ Α Λ Ο Υ Χ Ν Ρ Ε Έ Χ Ί Υ Έ
Ι Ψ Τ Λ Λ Ω Ί Π Δ Ί Υ Λ Π Δ Έ Μ
Ο Α Ρ Ε Π Ό Δ Λ Μ Σ Ψ Α Ν Δ Ρ
Μ Ί Ψ Π Ο Ξ Ρ Ί Έ Σ Ξ Ψ Λ Ψ Υ
Μ Ν Ξ Ι Η Σ Χ Μ Α Ι Ψ Π Ή Υ Ο Θ
Μ Ο Υ Σ Ι Κ Ή Κ Ι Σ Α Λ Κ Ρ Ο Μ
Ί Μ Λ Ξ Υ Π Ο Κ Ρ Τ Μ Σ Ι Ι Ά Ο
Β Ρ Σ Ι Υ Α Ο Ω Ι Ξ Η Α Μ Κ Λ Ύ
Ρ Α Χ Ο Ρ Ω Δ Ί Α Τ Β Η Θ Μ Ω
Α Ρ Μ Ο Ν Ι Κ Ή Ο Ρ Η Ω Υ Α Π Ψ
Α Ι Μ Ο Υ Σ Ι Κ Ό Σ Ξ Ι Ρ Α Ο Υ
Τ Ρ Α Γ Ο Υ Δ Ι Σ Τ Ή Σ Ο Λ Υ Δ
Τ Ρ Α Γ Ο Υ Δ Ώ Τ Έ Μ Π Ο Π Μ Σ
Μ Ι Κ Ρ Ό Φ Ω Ν Ο Ν Α Γ Ρ Ό Ρ Β
```

ΆΛΜΠΟΥΜ	ΜΙΚΡΌΦΩΝΟ
ΜΠΑΛΆΝΤΑ	ΜΟΥΣΙΚΉ
ΧΟΡΩΔΊΑ	ΜΟΥΣΙΚΌΣ
ΑΡΜΟΝΊΑ	ΌΠΕΡΑ
ΑΡΜΟΝΙΚΉ	ΠΟΙΗΤΙΚΉ
ΑΥΤΟΣΧΕΔΙΆΣΕΙ	ΡΥΘΜΙΚΉ
ΌΡΓΑΝΟ	ΡΥΘΜΟΎ
ΚΛΑΣΙΚΉ	ΤΡΑΓΟΥΔΙΣΤΉΣ
ΛΥΡΙΚΉ	ΤΡΑΓΟΥΔΏ
ΜΕΛΩΔΊΑ	ΤΈΜΠΟ

82 - Antiquitäten

```
Γ  Κ  Ε  Ε  Π  Ό  Κ  Ι  Τ  Ν  Ε  Θ  Υ  Α  Η  Ο
Λ  Α  Π  Π  Ο  Ξ  Έ  Α  Α  Ψ  Μ  Σ  Ι  Τ  Ι  Ο
Υ  Τ  Έ  Υ  Ι  Α  Ρ  Έ  Υ  Ι  Ό  Μ  Η  Α  Β  Λ
Π  Ά  Ν  Ο  Ό  Ή  Μ  Ι  Τ  Ω  Κ  Χ  Η  Μ  Ε  Ί
Τ  Σ  Δ  Ρ  Τ  Μ  Α  Τ  Ψ  Σ  Ι  Δ  Ρ  Ή  Ί  Ν
Ι  Τ  Υ  Λ  Η  Δ  Τ  Ψ  Ρ  Η  Τ  Ξ  Η  Μ  Π  Ί
Κ  Α  Σ  Ι  Τ  Ε  Α  Τ  Ι  Δ  Η  Γ  Α  Σ  Α  Ζ
Ή  Σ  Η  Β  Α  Δ  Ψ  Π  Ν  Ώ  Μ  Μ  Χ  Ο  Λ  Ω
Γ  Η  Ν  Α  Σ  Υ  Ν  Ή  Θ  Ι  Σ  Τ  Ο  Κ  Ι  Γ
Ο  Ο  Χ  Α  Ι  Ώ  Ν  Α  Σ  Σ  Ο  Χ  Ί  Ί  Ό  Ρ
Λ  Ί  Έ  Ο  Λ  Π  Χ  Δ  Ξ  Υ  Κ  Β  Ε  Ι  Ψ  Α
Λ  Υ  Τ  Σ  Β  Π  Α  Ί  Ω  Ο  Α  Υ  Χ  Ε  Μ  Φ
Υ  Η  Ι  Μ  Τ  Μ  Ι  Ν  Γ  Θ  Ι  Ξ  Ι  Ρ  Ο  Ι
Σ  Ο  Ε  Μ  Ν  Μ  Β  Π  Ί  Ν  Δ  Ρ  Ο  Υ  Κ  Κ
Η  Μ  Ρ  Γ  Β  Β  Ί  Μ  Έ  Ε  Ω  Ξ  Τ  Ψ  Π  Ή
Π  Β  Η  Η  Α  Σ  Δ  Γ  Ι  Τ  Η  Υ  Σ  Β  Ψ  Σ
```

ΠΑΛΙΌ	ΤΈΧΝΗ
ΣΤΟΙΧΕΊΟ	ΈΠΙΠΛΑ
ΑΥΘΕΝΤΙΚΌ	ΚΈΡΜΑΤΑ
ΔΙΑΚΟΣΜΗΤΙΚΌ	ΤΙΜΉ
ΚΟΜΨΌ	ΠΟΙΌΤΗΤΑ
ΕΝΘΟΥΣΙΏΔΗΣ	ΚΟΣΜΉΜΑΤΑ
ΣΥΛΛΟΓΉ	ΓΛΥΠΤΙΚΉ
ΖΩΓΡΑΦΙΚΉ	ΣΤΥΛ
ΕΠΈΝΔΥΣΗ	ΑΣΥΝΉΘΙΣΤΟ
ΑΙΏΝΑΣ	ΚΑΤΆΣΤΑΣΗ

83 - Adjektive #2

```
Α  Υ  Θ  Ε  Ν  Τ  Ι  Κ  Ό  Ξ  Φ  Ή  Ι  Γ  Υ  Σ
Κ  Ή  Κ  Ι  Γ  Ω  Γ  Α  Ρ  Α  Π  Ρ  Ξ  Μ  Π  Δ
Ο  Ο  Γ  Υ  Π  Ε  Ρ  Ο  Χ  Η  Ε  Υ  Έ  Ω  Γ  Τ
Μ  Ή  Μ  Η  Ε  Β  Ω  Τ  Π  Ω  Ι  Χ  Β  Σ  Ή  Γ
Ο  Κ  Υ  Ψ  Ε  Ξ  Ω  Β  Λ  Μ  Ν  Σ  Σ  Ο  Κ  Ο
Υ  Ι  Π  Σ  Ό  Ο  Α  Ή  Χ  Χ  Α  Ι  Γ  Ν  Ι  Ο
Ε  Ν  Δ  Ι  Α  Φ  Έ  Ρ  Ο  Ν  Σ  Ω  Μ  Υ  Γ  Ι
Σ  Ο  Ί  Δ  Α  Ι  Δ  Υ  Χ  Ε  Μ  Ν  Λ  Θ  Ρ  Ρ
Ν  Ν  Τ  Ε  Ρ  Β  Β  Μ  Γ  Η  Έ  Έ  Ι  Ύ  Υ  Γ
Μ  Α  Π  Π  Α  Γ  Λ  Ί  Μ  Ν  Α  Α  Ε  Ο  Ά
Ή  Κ  Ι  Σ  Υ  Φ  Μ  Α  Έ  Η  Ο  Έ  Ν  Π  Ι  Ω
Ρ  Λ  Γ  Ι  Ε  Λ  Δ  Α  Η  Σ  Σ  Μ  Λ  Υ  Μ  Ί
Η  Ξ  Μ  Δ  Ω  Ξ  Ξ  Ρ  Τ  Ά  Τ  Υ  Ί  Μ  Η  Ψ
Ι  Ι  Ρ  Γ  Ο  Ρ  Λ  Η  Έ  Ι  Ρ  Β  Χ  Ν  Δ  Σ
Β  Ρ  Ώ  Σ  Ι  Μ  Α  Χ  Ο  Δ  Κ  Β  Μ  Σ  Π  Ο
Π  Ε  Ρ  Ι  Γ  Ρ  Α  Φ  Ι  Κ  Ό  Ή  Σ  Γ  Δ  Ν
```

ΑΥΘΕΝΤΙΚΌ	ΔΗΜΙΟΥΡΓΙΚΉ
ΔΙΆΣΗΜΗ	ΦΥΣΙΚΉ
ΠΕΡΙΓΡΑΦΙΚΌ	ΝΈΑ
ΔΡΑΜΑΤΙΚΉ	ΚΑΝΟΝΙΚΉ
ΚΟΜΨΌ	ΠΑΡΑΓΩΓΙΚΉ
ΒΡΏΣΙΜΑ	ΑΛΜΥΡΉ
ΦΡΈΣΚΟ	ΙΣΧΥΡΉ
ΥΓΙΉ	ΥΠΕΡΟΧΗ
ΠΕΙΝΑΣΜΈΝΟΣ	ΥΠΕΎΘΥΝΟΣ
ΕΝΔΙΑΦΈΡΟΝ	ΆΓΡΙΟ

84 - Kleidung

```
Π  Υ  Ψ  Μ  Ψ  Π  Π  Ψ  Ί  Η  Ο  Η  Φ  Ψ  Π  Ο
Μ  Α  Η  Ρ  Α  Α  Ζ  Ύ  Ο  Λ  Π  Μ  Ο  Γ  Ι  Π
Χ  Ζ  Ν  Σ  Χ  Λ  Α  Ε  Κ  Λ  Χ  Β  Ύ  Ν  Τ  Γ
Ψ  Ώ  Ι  Τ  Υ  Τ  Β  Υ  Α  Ρ  Ρ  Σ  Λ  Ζ  Ά  Ν
Ε  Ν  Ζ  Ε  Ε  Ό  Ω  Ν  Σ  Ρ  Λ  Α  Τ  Σ  Ά  Ν
Φ  Η  Τ  Α  Ν  Λ  Ξ  Γ  Κ  Α  Δ  Χ  Α  Α  Μ  Τ
Ρ  Ό  Δ  Λ  Ε  Ο  Ό  Ω  Ό  Τ  Δ  Ι  Τ  Κ  Α  Ι
Π  Ε  Ρ  Β  Μ  Λ  Ί  Ν  Λ  Ί  Η  Ό  Α  Ά  Ν  Α
Ρ  Ω  Δ  Ε  Ξ  Έ  Χ  Υ  Ι  Ά  Ν  Λ  Μ  Κ  Χ  Ψ
Υ  Ί  Α  Ί  Μ  Π  Κ  Ο  Λ  Ι  Έ  Ι  Ή  Ι  Ν  Γ
Β  Ί  Ψ  Ο  Γ  Α  Υ  Ο  Ε  Δ  Τ  Υ  Μ  Μ  Ν  Ι
Ε  Ε  Υ  Έ  Ί  Κ  Ω  Ω  Ξ  Ο  Α  Ε  Σ  Η  Ί  Ο
Π  Ο  Υ  Κ  Ά  Μ  Ι  Σ  Ο  Π  Ν  Ι  Ο  Ρ  Έ  Λ
Π  Α  Π  Ο  Ύ  Τ  Σ  Ι  Ε  Ξ  Δ  Ω  Κ  Χ  Ω  Ρ
Ψ  Χ  Γ  Γ  Υ  Α  Μ  Π  Α  Σ  Η  Δ  Έ  Π  Ί  Γ
Β  Γ  Π  Ο  Υ  Λ  Ό  Β  Ε  Ρ  Τ  Ε  Ξ  Έ  Π  Ι
```

ΒΡΑΧΙΌΛΙ	ΦΌΡΕΜΑ
ΜΠΛΟΎΖΑ	ΠΑΛΤΌ
ΖΏΝΗ	ΜΌΔΑ
ΚΟΛΙΈ	ΠΟΥΛΌΒΕΡ
ΓΆΝΤΙΑ	ΦΟΎΣΤΑ
ΠΟΥΚΆΜΙΣΟ	ΚΑΣΚΌΛ
ΠΑΝΤΕΛΌΝΙ	ΠΙΤΖΆΜΑ
ΚΑΠΈΛΟ	ΚΟΣΜΉΜΑΤΑ
ΣΑΚΆΚΙ	ΠΑΠΟΎΤΣΙ
ΤΖΙΝ	ΠΟΔΙΆ

85 - Farben

```
Ό  Κ  Υ  Ε  Λ  Ψ  Μ  Α  Ε  Ψ  Ο  Σ  Ν  Ι  Ξ  Ι
Ω  Φ  Ί  Ψ  Γ  Ι  Β  Λ  Υ  Δ  Γ  Ε  Υ  Η  Δ  Ω
Ρ  Ν  Ο  Τ  Υ  Ι  Μ  Γ  Α  Ί  Ξ  Δ  Έ  Χ  Τ  Ν
Ν  Ψ  Ρ  Ύ  Ρ  Τ  Ξ  Γ  Λ  Η  Ψ  Λ  Ο  Γ  Σ  Α
Π  Ψ  Ύ  Ο  Ξ  Ι  Κ  Υ  Α  Ν  Ό  Ξ  Α  Ρ  Β  Ί
Σ  Π  Α  Σ  Ω  Ι  Ν  Γ  Τ  Η  Υ  Ν  Γ  Ρ  Π  Ξ
Χ  Π  Μ  Λ  Β  Ψ  Α  Ο  Ψ  Γ  Μ  Ο  Β  Ο  Ο  Έ
Ψ  Α  Ψ  Ο  Ι  Ε  Έ  Τ  Α  Μ  Ί  Ξ  Ζ  Ρ  Κ
Ι  Α  Ψ  Υ  Β  Χ  Ψ  Η  Π  Λ  Ι  Δ  Ω  Ε  Τ  Ό
Ω  Ί  Ε  Λ  Π  Μ  Ω  Ξ  Ν  Ά  Σ  Π  Β  Π  Ο  Κ
Γ  Ψ  Υ  Α  Δ  Λ  Ρ  Μ  Ω  Ζ  Έ  Π  Έ  Μ  Κ  Κ
Ο  Σ  Μ  Κ  Ψ  Σ  Γ  Μ  Ε  Ι  Μ  Ί  Φ  Σ  Ά  Ί
Μ  Ω  Ο  Ί  Μ  Ί  Τ  Ε  Λ  Ο  Ι  Β  Α  Π  Λ  Ν
Ί  Έ  Υ  Ν  Π  Ρ  Ά  Σ  Ι  Ν  Ο  Ψ  Κ  Π  Ι  Ο
Γ  Κ  Ρ  Ι  Ρ  Ρ  Η  Ί  Β  Ξ  Λ  Π  Δ  Π  Β  Έ
Π  Χ  Τ  Ί  Τ  Έ  Τ  Ο  Π  Α  Ν  Τ  Γ  Α  Γ  Χ
```

ΓΑΛΆΖΙΟ	ΜΟΒ
ΜΠΕΖ	ΠΟΡΤΟΚΆΛΙ
ΜΠΛΕ	ΡΟΖ
ΚΑΦΈ	ΚΌΚΚΙΝΟ
ΦΟΎΞΙΑ	ΜΑΎΡΟ
ΚΊΤΡΙΝΟ	ΣΈΠΙΑ
ΓΚΡΙ	ΒΙΟΛΕΤΊ
ΠΡΆΣΙΝΟ	ΛΕΥΚΌ
ΛΟΥΛΑΚΊ	ΚΥΑΝΌ

86 - Haus

```
Π  Ι  Ζ  Ο  Β  Ρ  Σ  Η  Τ  Φ  Ε  Ρ  Θ  Α  Κ  Τ
Α  Δ  Ά  Ν  Ι  Μ  Α  Κ  Α  Τ  Ρ  Ό  Π  Α  Ι  Ψ
Ρ  Δ  Ρ  Ε  Κ  Α  Έ  Ψ  Β  Υ  Ι  Α  Έ  Ο  Ω  Ψ
Ά  Λ  Α  Σ  Ά  Σ  Σ  Β  Ά  Ε  Η  Β  Κ  Ι  Σ  Λ
Θ  Ά  Κ  Υ  Ζ  Δ  Ε  Γ  Ν  Έ  Ω  Ο  Ρ  Τ  Ε  Ί
Υ  Μ  Γ  Β  Τ  Χ  Π  Γ  Ι  Β  Δ  Χ  Χ  Ά  Η  Γ
Ρ  Π  Ο  Α  Ι  Κ  Ο  Υ  Ζ  Ί  Ν  Α  Ι  Μ  Γ  Σ
Ο  Α  Γ  Ξ  Ι  Β  Μ  Έ  Έ  Π  Ί  Λ  Ρ  Ω  Έ  Ο
Σ  Ο  Φ  Ί  Τ  Α  Λ  Ι  Γ  Ρ  Η  Π  Γ  Δ  Τ  Χ
Ί  Γ  Δ  Η  Έ  Α  Ί  Ι  Υ  Σ  Ι  Ι  Π  Ο  Σ  Ί
Ί  Ο  Α  Ξ  Έ  Υ  Ω  Δ  Ο  Β  Ι  Π  Ρ  Ν  Υ  Ο
Κ  Η  Σ  Ω  Σ  Η  Μ  Ν  Π  Θ  Σ  Έ  Μ  Π  Ο  Τ
Τ  Ή  Ρ  Ι  Σ  Χ  Τ  Ψ  Δ  Β  Ή  Ί  Υ  Υ  Τ  Ω
Ξ  Α  Π  Ύ  Ο  Κ  Σ  Α  Η  Η  Υ  Κ  Η  Ε  Ν  Ε
Δ  Χ  Τ  Ο  Ι  Τ  Ά  Μ  Ω  Δ  Χ  Η  Η  Λ  Η  Ί
Έ  Π  Μ  Ψ  Σ  Σ  Ρ  Γ  Ε  Υ  Ψ  Τ  Β  Τ  Ω  Ω
```

ΣΚΟΎΠΑ	ΚΟΥΖΊΝΑ
ΒΙΒΛΙΟΘΉΚΗ	ΛΆΜΠΑ
ΣΤΈΓΗ	ΈΠΙΠΛΑ
ΣΟΦΊΤΑ	ΥΠΝΟΔΩΜΆΤΙΟ
ΤΑΒΆΝΙ	ΚΑΜΙΝΆΔΑ
ΝΤΟΥΣ	ΚΑΘΡΕΦΤΗΣ
ΠΑΡΆΘΥΡΟ	ΠΌΡΤΑ
ΓΚΑΡΆΖ	ΤΟΊΧΟΣ
ΚΉΠΟΣ	ΦΡΑΚΤΗΣ
ΤΖΆΚΙ	ΔΩΜΆΤΙΟ

87 - Bauernhof #1

```
Π  Η  Χ  Β  Μ  Α  Π  Ω  Δ  Α  Γ  Λ  Π  Ν  Ρ  Η
Ο  Η  Ψ  Η  Β  Ι  Γ  Ψ  Ί  Δ  Ω  Μ  Ο  Ε  Ύ  Α
Γ  Α  Ϊ  Δ  Ο  Ύ  Ρ  Ι  Κ  Ά  Ρ  Ο  Κ  Ρ  Ζ  Σ
Ι  Μ  Χ  Α  Η  Δ  Γ  Ρ  Δ  Λ  Γ  Έ  Έ  Ό  Ι  Υ
Σ  Σ  Ψ  Η  Α  Ρ  Γ  Ά  Χ  Ε  Ρ  Ά  Λ  Ι  Έ  Γ
Α  Α  Δ  Έ  Ξ  Ω  Ξ  Χ  Ί  Γ  Ι  Ι  Τ  Ξ  Η  Ξ
Α  Π  Σ  Ο  Λ  Ύ  Κ  Σ  Μ  Α  Ξ  Ι  Η  Α  Λ  Λ
Η  Ί  Η  Σ  Α  Ν  Ό  Ο  Ψ  Π  Ε  Ν  Γ  Α  Υ  Ρ
Π  Λ  Τ  Ί  Ι  Λ  Έ  Μ  Τ  Μ  Ι  Ύ  Ψ  Ί  Υ  Μ
Υ  Β  Κ  Ρ  Ο  Λ  Υ  Ο  Π  Ό  Τ  Ο  Κ  Γ  Δ  Π
Α  Ε  Α  Ρ  Σ  Β  Έ  Γ  Τ  Ε  Ι  Ρ  Δ  Ε  Ψ  Α
Β  Π  Ρ  Σ  Δ  Ρ  Ρ  Μ  Ρ  Σ  Ξ  Υ  Δ  Ω  Έ  Β
Γ  Η  Φ  Ε  Ω  Δ  Τ  Ν  Ο  Ι  Ψ  Ο  Έ  Ρ  Έ  Υ
Η  Μ  Τ  Ο  Έ  Ν  Ξ  Ι  Ά  Λ  Ο  Γ  Ο  Γ  Υ  Μ
Ξ  Ο  Ξ  Α  Ψ  Ψ  Η  Ί  Π  Σ  Π  Η  Ξ  Ί  Υ  Χ
Β  Γ  Ω  Α  Χ  Ί  Ω  Π  Ε  Δ  Ί  Ο  Ί  Α  Β  Π
```

ΜΈΛΙΣΣΑ	ΚΟΡΆΚΙ
ΛΊΠΑΣΜΑ	ΑΓΕΛΆΔΑ
ΓΑΪΔΟΎΡΙ	ΓΗ
ΠΕΔΊΟ	ΓΕΩΡΓΊΑ
ΣΑΝΌ	ΆΛΟΓΟ
ΜΈΛΙ	ΡΎΖΙ
ΚΟΤΌΠΟΥΛΟ	ΓΟΥΡΟΎΝΙ
ΣΚΎΛΟΣ	ΝΕΡΌ
ΜΟΣΧΆΡΙ	ΦΡΑΚΤΗΣ
ΓΆΤΑ	ΓΊΔΑ

88 - Regierung

```
Α  Η  Α  Σ  Υ  Δ  Ί  Ο  Γ  Ή  Ο  Ξ  Π  Β  Ε  Α
Ή  Κ  Ι  Ν  Η  Ρ  Ι  Ε  Μ  Κ  Ν  Η  Χ  Ε  Ρ  Π
Μ  Μ  Σ  Η  Ν  Χ  Μ  Κ  Α  Ι  Ψ  Μ  Γ  Π  Ι  Η
Ί  Ν  Ό  Σ  Ε  Χ  Α  Ξ  Α  Τ  Λ  Υ  Έ  Τ  Ι  Μ
Β  Ο  Μ  Η  Μ  Λ  Ρ  Α  Ο  Ι  Χ  Ί  Λ  Ί  Τ  Ι
Ε  Ο  Η  Τ  Ι  Υ  Ν  Ξ  Ρ  Λ  Ο  Ι  Α  Κ  Ί  Δ
Ρ  Λ  Δ  Ή  Μ  Δ  Η  Ο  Σ  Ο  Λ  Σ  Ο  Ν  Θ  Έ
Δ  Ο  Ε  Ζ  Α  Ο  Υ  Σ  Ί  Π  Ψ  Η  Υ  Σ  Δ  Δ
Ι  Β  Λ  Υ  Π  Ε  Ρ  Ι  Ο  Χ  Ή  Ρ  Ω  Ν  Τ  Χ
Α  Μ  Η  Σ  Θ  Κ  Α  Τ  Ά  Σ  Τ  Α  Σ  Η  Η  Έ
Φ  Ύ  Ί  Ν  Β  Ε  Δ  Ι  Κ  Α  Ι  Ώ  Μ  Α  Τ  Α
Ω  Σ  Γ  Α  Τ  Λ  Ρ  Σ  Ύ  Ν  Τ  Α  Γ  Μ  Α  Χ
Ν  Δ  Ί  Ψ  Έ  Η  Α  Ί  Τ  Α  Ρ  Κ  Ο  Μ  Η  Δ
Ί  Μ  Ν  Η  Μ  Ε  Ί  Ο  Α  Τ  Η  Τ  Ό  Σ  Ι  Ρ
Α  Ί  Σ  Η  Τ  Ρ  Α  Ξ  Ε  Ν  Α  Ξ  Ν  Γ  Υ  Γ
Μ  Γ  Ω  Α  Ν  Δ  Δ  Ι  Κ  Α  Σ  Τ  Ι  Κ  Ή  Η
```

ΠΕΡΙΟΧΉ
ΔΗΜΟΚΡΑΤΊΑ
ΜΝΗΜΕΊΟ
ΣΥΖΉΤΗΣΗ
ΔΙΑΦΩΝΊΑ
ΕΛΕΥΘΕΡΊΑ
ΕΙΡΗΝΙΚΉ
ΔΙΚΑΙΟΣΎΝΗ
ΔΊΚΑΙΟ
ΙΣΌΤΗΤΑ

ΔΙΚΑΣΤΙΚΉ
ΈΘΝΟΣ
ΠΟΛΙΤΙΚΉ
ΔΙΚΑΙΏΜΑΤΑ
ΟΜΙΛΊΑ
ΚΑΤΆΣΤΑΣΗ
ΣΎΜΒΟΛΟ
ΑΝΕΞΑΡΤΗΣΊΑ
ΣΎΝΤΑΓΜΑ
ΔΗΜΌΣΙΑ

89 - Berufe #1

```
Υ  Δ  Ρ  Α  Υ  Λ  Ι  Κ  Ό  Σ  Ο  Ο  Τ  Μ  Ψ  Α
Τ  Ρ  Α  Π  Ε  Ζ  Ί  Τ  Η  Σ  Ί  Τ  Ε  Η  Υ  Σ
Κ  Τ  Η  Ν  Ί  Α  Τ  Ρ  Ο  Σ  Ω  Ι  Δ  Χ  Χ  Τ
Τ  Η  Κ  Υ  Ν  Η  Γ  Ό  Σ  Μ  Χ  Χ  Ν  Α  Ο  Ρ
Π  Χ  Α  Ρ  Τ  Ο  Γ  Ρ  Ά  Φ  Ο  Σ  Ρ  Ν  Λ  Ο
Έ  Υ  Σ  Ο  Ρ  Ό  Γ  Η  Κ  Ι  Δ  Ν  Τ  Ι  Ό  Ν
Α  Ν  Έ  Μ  Σ  Ο  Μ  Ρ  Α  Σ  Ο  Ρ  Π  Κ  Γ  Ό
Λ  Ο  Ι  Σ  Τ  Ή  Σ  Λ  Ν  Π  Ω  Π  Ό  Ο  Μ
Β  Δ  Ξ  Λ  Π  Χ  Η  Ψ  Λ  Ο  Ι  Τ  Ρ  Σ  Σ  Ο
Σ  Η  Η  Μ  Τ  Σ  Σ  Μ  Ι  Σ  Α  Κ  Έ  Ό  Ο  Σ
Χ  Ο  Ρ  Ε  Υ  Τ  Ή  Σ  Τ  Ο  Ν  Ά  Σ  Κ  Γ  Σ
Ξ  Τ  Τ  Ψ  Ψ  Έ  Ω  Ι  Έ  Κ  Ί  Δ  Β  Ι  Ό  Σ
Ρ  Υ  Ω  Έ  Υ  Δ  Χ  Ρ  Χ  Ό  Σ  Ι  Η  Σ  Λ  Δ
Ο  Ι  Έ  Έ  Λ  Ψ  Ε  Έ  Ν  Μ  Τ  Δ  Σ  Υ  Ω  Ω
Δ  Δ  Ν  Ε  Ι  Δ  Λ  Λ  Η  Α  Α  Β  Τ  Ο  Ε  Γ
Υ  Τ  Ξ  Β  Τ  Β  Γ  Ψ  Σ  Μ  Σ  Ν  Η  Μ  Γ  Ί
```

ΔΙΔΆΚΤΩΡ
ΑΣΤΡΟΝΌΜΟΣ
ΤΡΑΠΕΖΊΤΗΣ
ΠΡΈΣΒΗΣ
ΛΟΓΙΣΤΉΣ
ΓΕΩΛΌΓΟΣ
ΚΥΝΗΓΌΣ
ΧΑΡΤΟΓΡΆΦΟΣ
ΥΔΡΑΥΛΙΚΌΣ
ΝΟΣΟΚΌΜΑ

ΚΑΛΛΙΤΈΧΝΗΣ
ΜΗΧΑΝΙΚΌΣ
ΜΟΥΣΙΚΌΣ
ΠΙΑΝΊΣΤΑΣ
ΨΥΧΟΛΌΓΟΣ
ΔΙΚΗΓΌΡΟΣ
ΠΡΟΣΑΡΜΟΣΜΈΝΑ
ΧΟΡΕΥΤΉΣ
ΚΤΗΝΊΑΤΡΟΣ

90 - Adjektive #1

```
Π Χ Χ Ή Ρ Α Β Ο Σ Ψ Σ Π Ε Π Λ Χ
Β Ο Σ Μ Τ Θ Α Γ Έ Έ Ο Ω Ο Υ Ξ Ό
Χ Ν Λ Α Τ Ώ Θ Α Π Ό Λ Υ Τ Η Υ Μ
Δ Ρ Ψ Ύ Ή Ο Ι Α Α Ό Χ Α Μ Υ Γ Ο
Υ Έ Τ Α Τ Σ Ά Ο Ψ Κ Ε Ρ Ρ Υ Γ Ρ
Έ Τ Ρ Ι Π Ι Μ Ο Ε Ι Β Χ Α Γ Ι Φ
Α Ν Ο Δ Ε Ω Μ Β Β Τ Μ Π Ψ Β Ή Η
Ε Ο Ι Ε Λ Έ Τ Α Ι Α Υ Δ Η Α Μ Έ
Ν Μ Ε Υ Τ Υ Χ Ι Σ Μ Έ Ν Ο Ρ Π Ι
Ε Ψ Η Έ Γ Β Ω Ν Υ Ω Δ Λ Γ Ι Ν Τ
Ρ Ε Ν Β Ρ Ί Λ Υ Τ Ρ Ε Δ Π Ά Σ Ι
Γ Ε Χ Έ Έ Ω Ε Τ Η Α Έ Ν Η Υ Ε Ο
Ή Β Σ Β Κ Α Λ Λ Ι Τ Ε Χ Ν Ι Κ Ή
Ί Λ Ξ Ε Ψ Μ Γ Ε Λ Κ Υ Σ Τ Ι Κ Ό
Τ Ε Ρ Ά Σ Τ Ι Ο Ρ Ύ Ο Κ Σ Σ Χ Ω
Ί Δ Ι Α Σ Η Μ Α Ν Τ Ι Κ Ό Ο Ρ Τ
```

ΑΠΌΛΥΤΗ
ΕΝΕΡΓΉ
ΑΡΩΜΑΤΙΚΌ
ΕΛΚΥΣΤΙΚΌ
ΣΚΟΎΡΟ
ΛΕΠΤΉ
ΣΟΒΑΡΉ
ΕΥΤΥΧΙΣΜΈΝΟ
ΊΔΙΑ
ΚΑΛΛΙΤΕΧΝΙΚΉ

ΑΡΓΉ
ΜΟΝΤΈΡΝΟ
ΤΈΛΕΙΟ
ΤΕΡΆΣΤΙΟ
ΌΜΟΡΦΗ
ΒΑΡΙΆ
ΒΑΘΙΆ
ΑΘΏΟΣ
ΠΟΛΎΤΙΜΑ
ΣΗΜΑΝΤΙΚΌ

91 - Geometrie

```
Ο  Ξ  Ω  Π  Ε  Π  Ι  Φ  Ά  Ν  Ε  Ι  Α  Π  Π  Η
Χ  Σ  Ρ  Τ  Λ  Υ  Ψ  Ο  Σ  Ο  Λ  Κ  Ύ  Κ  Α  Ο
Ε  Β  Ν  Έ  Έ  Α  Ί  Ρ  Τ  Ε  Μ  Μ  Υ  Σ  Ρ  Ψ
Τ  Ί  Χ  Ί  Γ  Λ  Τ  Δ  Η  Έ  Ω  Ψ  Ο  Ψ  Ά  Ψ
Έ  Ν  Ψ  Π  Χ  Ο  Τ  Ε  Ί  Ν  Υ  Σ  Ν  Β  Λ  Ξ
Υ  Κ  Α  Μ  Π  Ύ  Λ  Η  Ί  Λ  Ν  Ο  Ώ  Γ  Λ  Α
Μ  Π  Ε  Ξ  Ί  Σ  Ω  Σ  Η  Α  Χ  Ρ  Γ  Υ  Η  Ε
Α  Ί  Ο  Ί  Ω  Ω  Σ  Ψ  Λ  Ζ  Ψ  Τ  Ι  Ε  Λ  Ι
Ξ  Π  Ι  Λ  Π  Τ  Υ  Η  Σ  Ά  Ψ  Ε  Ρ  Η  Η  Χ
Α  Ρ  Ή  Υ  Ο  Ξ  Α  Σ  Α  Μ  Ή  Μ  Τ  Υ  Β  Ν
Ί  Ρ  Κ  Β  Α  Γ  Ε  Α  Μ  Ω  Η  Ά  Ο  Α  Ί  Υ
Ρ  Ν  Ι  Ε  Λ  Α  Ι  Τ  Ν  Ό  Ζ  Ι  Ρ  Ο  Μ  Ω
Ω  Λ  Γ  Θ  Ε  Ο  Ε  Σ  Β  Ρ  Ι  Δ  Μ  Σ  Λ  Ε
Ε  Λ  Ο  Ρ  Μ  Ξ  Υ  Ά  Μ  Έ  Γ  Ω  Ν  Ί  Α  Σ
Θ  Β  Λ  Ι  Ι  Ό  Χ  Ι  Δ  Ό  Τ  Σ  Ο  Σ  Ο  Π
Ξ  Ω  Σ  Χ  Η  Γ  Σ  Δ  Ω  Ί  Σ  Η  Μ  Ι  Α  Λ
```

ΠΟΣΟΣΤΌ   ΛΟΓΙΚΉ
ΥΠΟΛΟΓΙΣΜΌΣ   ΜΆΖΑ
ΔΙΆΣΤΑΣΗ   ΑΡΙΘΜΌΣ
ΤΡΙΓΏΝΟΥ   ΕΠΙΦΆΝΕΙΑ
ΔΙΆΜΕΤΡΟΣ   ΠΑΡΆΛΛΗΛΗ
ΕΞΊΣΩΣΗ   ΠΛΑΤΕΊΑ
ΟΡΙΖΌΝΤΙΑ   ΤΜΉΜΑ
ΎΨΟΣ   ΣΥΜΜΕΤΡΊΑ
ΚΎΚΛΟΣ   ΘΕΩΡΊΑ
ΚΑΜΠΎΛΗ   ΓΩΝΊΑ

92 - Jazz

```
Σ  Ν  Ε  Ξ  Χ  Μ  Ν  Ο  Λ  Ί  Τ  Σ  Σ  Ε  Λ  Η
Ό  Η  Ι  Ψ  Π  Ρ  Ι  Έ  Ξ  Δ  Α  Ι  Τ  Β  Ρ  Ά
Λ  Τ  Ε  Χ  Ν  Ι  Κ  Ή  Α  Ή  Λ  Κ  Δ  Υ  Ψ  Λ
Ο  Έ  Ε  Ω  Ω  Δ  Σ  Υ  Υ  Κ  Έ  Α  Ι  Γ  Λ  Μ
Α  Θ  Τ  Ρ  Α  Γ  Ο  Ύ  Δ  Ι  Ν  Λ  Ά  Β  Χ  Π
Δ  Ν  Λ  Ω  Ω  Υ  Δ  Ό  Υ  Σ  Τ  Λ  Σ  Ξ  Β  Ο
Τ  Υ  Ο  Α  Τ  Η  Ί  Ι  Β  Υ  Ο  Ι  Η  Μ  Ρ  Υ
Η  Σ  Ν  Γ  Π  Ι  Ε  Λ  Α  Ο  Ι  Τ  Μ  Π  Ψ  Μ
Σ  Υ  Ν  Α  Υ  Λ  Ί  Α  Π  Μ  Ί  Έ  Η  Π  Β  Ρ
Ε  Ξ  Α  Ν  Έ  Μ  Η  Π  Α  Γ  Α  Χ  Χ  Π  Ι  Ο
Θ  Ύ  Ι  Α  Λ  Π  Α  Ε  Σ  Ά  Ν  Π  Γ  Χ  Μ
Ν  Ί  Ο  Π  Π  Ί  Ί  Μ  Δ  Ψ  Ι  Η  Ε  Ψ  Γ  Τ
Ύ  Β  Ρ  Μ  Ν  Μ  Γ  Ι  Ξ  Ί  Λ  Σ  Χ  Ι  Ν  Ί
Σ  Μ  Ξ  Ύ  Θ  Τ  Τ  Ο  Ρ  Χ  Ή  Σ  Τ  Ρ  Α  Π
Λ  Ξ  Α  Τ  Δ  Υ  Δ  Δ  Λ  Μ  Β  Ο  Χ  Δ  Ρ  Β
Χ  Ε  Ι  Ρ  Ο  Κ  Ρ  Ό  Τ  Η  Μ  Α  Ν  Τ  Ε  Γ
```

ΆΛΜΠΟΥΜ
ΠΑΛΙΌ
ΧΕΙΡΟΚΡΌΤΗΜΑ
ΔΙΆΣΗΜΗ
ΑΓΑΠΗΜΈΝΑ
ΕΊΔΟΣ
ΣΥΝΘΈΤΗ
ΣΥΝΑΥΛΊΑ
ΚΑΛΛΙΤΈΧΝΗΣ
ΤΡΑΓΟΎΔΙ

ΜΟΥΣΙΚΉ
ΝΈΑ
ΟΡΧΉΣΤΡΑ
ΡΥΘΜΟΎ
ΤΎΜΠΑΝΑ
ΣΌΛΟ
ΣΤΥΛ
ΤΑΛΈΝΤΟ
ΤΕΧΝΙΚΉ
ΣΎΝΘΕΣΗ

93 - Mathematik

```
Δ  Α  Χ  Γ  Έ  Ξ  Ί  Ω  Ε  Ο  Κ  Έ  Ι  Π  Δ  Ί
Ι  Λ  Ρ  Π  Ε  Ω  Ν  Μ  Κ  Ο  Β  Λ  Χ  Λ  Ψ  Σ
Ά  Κ  Έ  Ι  Ε  Ω  Λ  Ι  Θ  Σ  Δ  Π  Ά  Η  Π  Γ
Μ  Ά  Ι  Σ  Θ  Ρ  Γ  Λ  Έ  Β  Μ  Μ  Γ  Σ  Δ  Ρ
Ε  Θ  Ί  Φ  Ε  Μ  Ι  Λ  Τ  Ν  Ε  Υ  Α  Α  Μ  Μ
Τ  Ε  Π  Α  Ε  Υ  Η  Φ  Η  Π  Τ  Ο  Κ  Τ  Σ  Α
Ρ  Τ  Ρ  Ί  Ξ  Μ  Χ  Τ  Έ  Ξ  Έ  Ί  Τ  Ν  Υ  Μ
Ο  Ο  Ν  Ρ  Έ  Ξ  Ω  Β  Ι  Ρ  Π  Π  Ί  Έ  Μ  Σ
Σ  Σ  Χ  Α  Ό  Κ  Ι  Δ  Α  Κ  Ε  Δ  Ν  Ν  Μ  Ι
Π  Α  Ρ  Ά  Λ  Λ  Η  Λ  Η  Ρ  Ή  Ι  Α  Ω  Ε  Ο
Γ  Ε  Ω  Μ  Ε  Τ  Ρ  Ί  Α  Α  Σ  Ε  Α  Ο  Τ  Ρ
Π  Λ  Α  Τ  Ε  Ί  Α  Ε  Ξ  Ί  Σ  Ω  Σ  Η  Ρ  Θ
Σ  Τ  Η  Ο  Ρ  Θ  Ο  Γ  Ώ  Ν  Ι  Ο  Π  Γ  Ί  Ά
Π  Ο  Λ  Ύ  Γ  Ω  Ν  Ο  Ρ  Ω  Ξ  Ψ  Γ  Β  Α  Δ
Τ  Ρ  Ι  Γ  Ώ  Ν  Ο  Υ  Η  Γ  Ί  Ν  Ω  Η  Ί  Ν
Ο  Μ  Ο  Λ  Ο  Λ  Λ  Σ  Π  Ί  Ω  Γ  Έ  Η  Χ  Δ
```

ΑΡΙΘΜΗΤΙΚΉ
ΚΛΆΣΜΑ
ΔΕΚΑΔΙΚΌ
ΤΡΙΓΏΝΟΥ
ΔΙΆΜΕΤΡΟΣ
ΕΚΘΈΤΗ
ΓΕΩΜΕΤΡΊΑ
ΕΞΊΣΩΣΗ
ΣΦΑΊΡΑ
ΠΑΡΆΛΛΗΛΗ

ΠΟΛΎΓΩΝΟ
ΠΛΑΤΕΊΑ
ΑΚΤΊΝΑ
ΟΡΘΟΓΏΝΙΟ
ΚΆΘΕΤΟΣ
ΆΘΡΟΙΣΜΑ
ΣΥΜΜΕΤΡΊΑ
ΠΕΡΙΦΈΡΕΙΑ
ΈΝΤΑΣΗ
ΓΩΝΊΑ

94 - Messungen

```
Β Μ Η Μ Π Τ Γ Δ Ε Π Τ Ω Ο Ψ Π Β
Α Μ Γ Ή Έ Έ Ψ Η Φ Ι Ο Λ Ε Ξ Η Ω
Θ Ξ Υ Κ Ω Ν Χ Η Ω Ί Ν Τ Σ Α Α Ο
Μ Χ Τ Ο Ό Τ Σ Ο Τ Α Κ Ε Β Α Β Π
Ό Ξ Ι Σ Η Α Π Λ Ά Τ Ο Σ Ο Ν Ό Τ
Σ Ί Β Λ Σ Σ Γ Ρ Α Μ Μ Ά Ρ Ι Ο Β
Ε Ε Ω Χ Ι Η Η Ε Ό Ί Η Ν Τ Μ Μ Ά
Ο Λ Ζ Ο Γ Ό Β Ο Κ Χ Χ Χ Ε Έ Ι Θ
Ν Υ Ί Ί Ω Π Γ Α Ι Έ Υ Ξ Μ Τ Η Ο
Χ Β Γ Ί Ε Ί Δ Ρ Δ Σ Ξ Μ Ό Ρ Μ Σ
Χ Η Υ Γ Η Α Π Έ Α Ο Η Δ Ι Ο Ί Ο
Δ Γ Ζ Λ Ι Ζ Ψ Η Κ Μ Ξ Ι Λ Λ Τ Ψ
Σ Ν Υ Ν Β Ά Ν Ο Ε Έ Μ Χ Ι Μ Ξ Υ
Γ Π Ί Μ Μ Μ Ω Δ Σ Ι Ο Χ Α Υ Λ
Λ Ί Τ Ρ Ο Έ Α Ξ Ψ Ψ Λ Ε Π Τ Ό Έ
Ν Ο Π Σ Ω Υ Ξ Ε Η Ί Έ Ψ Ω Ω Λ Ρ
```

ΠΛΆΤΟΣ
ΨΗΦΙΟΛΕΞΗ
ΔΕΚΑΔΙΚΌ
ΖΥΓΊΖΩ
ΒΑΘΜΌΣ
ΓΡΑΜΜΆΡΙΟ
ΥΨΟΣ
ΧΙΛΙΌΓΡΑΜΜΟ
ΧΙΛΙΌΜΕΤΡΟ
ΜΉΚΟΣ

ΛΊΤΡΟ
ΜΆΖΑ
ΜΈΤΡΟ
ΛΕΠΤΌ
ΒΆΘΟΣ
ΤΌΝΟΣ
ΟΥΓΓΙΆ
ΈΝΤΑΣΗ
ΕΚΑΤΟΣΤΟ
ΊΝΤΣΑ

95 - Boxen

```
Ο  Δ  Α  Μ  Ώ  Σ  Η  Σ  Η  Τ  Κ  Ά  Ν  Α  Ε  Ω
Ψ  Τ  Ι  Γ  Μ  Ω  Δ  Ή  Σ  Σ  Ω  Χ  Ν  Ί  Π  Σ
Δ  Ε  Τ  Ψ  Κ  Ρ  Μ  Τ  Α  Έ  Τ  Μ  Ν  Ν  Ι  Η
Ο  Β  Ν  Β  Α  Ώ  Γ  Η  Ί  Γ  Χ  Σ  Ψ  Ω  Δ  Ν
Α  Υ  Ά  Σ  Μ  Σ  Ν  Χ  Τ  Ρ  Ρ  Λ  Λ  Γ  Ε  Λ
Π  Ν  Γ  Ρ  Σ  Τ  Ί  Α  Σ  Ο  Ρ  Σ  Λ  Ξ  Α
Ψ  Η  Τ  Υ  Ί  Ω  Τ  Μ  Ε  Θ  Α  Ψ  Β  Λ  Ι  Σ
Ψ  Μ  Γ  Ί  Μ  Λ  Σ  Χ  Τ  Ι  Ε  Π  Δ  Η  Ό  Τ
Ο  Α  Δ  Ο  Π  Κ  Χ  Γ  Έ  Ά  Σ  Ν  Υ  Ρ  Τ  Ο
Δ  Ν  Τ  Ν  Ύ  Α  Ί  Γ  Μ  Χ  Ω  Ξ  Ο  Ί  Η  Η
Η  Ύ  Σ  Ι  Ε  Ν  Λ  Ψ  Η  Έ  Ο  Μ  Μ  Έ  Τ  Ω
Ι  Δ  Α  Ά  Ι  Ν  Ι  Ο  Χ  Σ  Α  Μ  Έ  Ρ  Α  Ί
Κ  Ο  Υ  Δ  Ο  Ύ  Ν  Ι  Σ  Ω  Ε  Ι  Σ  Β  Λ  Ν
Σ  Έ  Δ  Ι  Α  Ι  Τ  Η  Τ  Ή  Σ  Έ  Ν  Ρ  Ο  Ε
Ε  Ξ  Α  Ν  Τ  Λ  Η  Θ  Ε  Ί  Σ  Η  Μ  Ε  Ί  Α
Μ  Ψ  Γ  Σ  Ι  Π  Τ  Ξ  Ν  Η  Χ  Π  Γ  Ν  Π  Η
```

ΓΩΝΊΑ	ΜΑΧΗΤΉΣ
ΑΓΚΏΝΑ	ΚΛΩΤΣΏ
ΕΞΑΝΤΛΗΘΕΊ	ΠΗΓΟΎΝΙ
ΓΡΟΘΙΆ	ΣΏΜΑ
ΕΠΙΔΕΞΙΌΤΗΤΑ	ΣΗΜΕΊΑ
ΕΣΤΊΑΣΗ	ΑΝΆΚΤΗΣΗ
ΑΝΤΊΠΑΛΟΣ	ΔΙΑΙΤΗΤΉΣ
ΚΟΥΔΟΎΝΙ	ΣΧΟΙΝΙΆ
ΓΆΝΤΙΑ	ΔΎΝΑΜΗ

96 - Bauernhof #2

Ξ Ρ Μ Ξ Τ Α Ά Λ Ι Η Λ Σ Ε Η Ω Κ
Β Ο Σ Κ Ό Σ Ρ Ά Γ Λ Ι Β Ά Δ Ι Α
Ν Τ Β Δ Η Η Δ Μ Ρ Έ Λ Ε Τ Ξ Α Λ
Δ Α Ω Π Π Α Ε Α Μ Ψ Ό Υ Ρ Β Ψ Α
Ι Β Γ Ά Ξ Β Υ Π Η Υ Β Ε Α Ξ Γ Μ
Ο Ό Τ Π Λ Β Σ Τ Β Κ Ι Έ Κ Δ Τ Π
Ο Ρ Σ Ι Ν Λ Η Σ Ε Ο Ρ Έ Τ Δ Π Ό
Β Π Α Ν Ώ Ρ Υ Χ Α Ε Υ Έ Ε Ι Κ
Κ Σ Ι Τ Ά Ρ Ι Π Τ Λ Π Ί Ρ Υ Δ Ι
Λ Ρ Δ Ι Ε Μ Ψ Γ Μ Ά Φ Ν Δ Ε Έ Π
Β Ρ Ι Α Σ Ν Ι Ν Μ Γ Ν Ρ Ω Β Η Α
Μ Π Υ Θ Χ Β Τ Δ Ψ Υ Α Α Ο Σ Ι Ο
Α Φ Α Χ Ά Α Γ Ρ Ο Τ Η Σ Σ Ύ Β Ι
Τ Ζ Υ Δ Ω Ρ Ρ Χ Μ Έ Α Υ Γ Ο Τ Λ
Ν Ώ Ρ Τ Ν Ω Ι Π Χ Ί Ν Μ Υ Ο Ψ Ο
Ξ Α Ξ Λ Ό Α Ν Ε Μ Ό Μ Υ Λ Ο Έ Τ

ΑΓΡΟΤΗΣ	ΓΆΛΑ
ΆΡΔΕΥΣΗ	ΠΕΡΙΒΌΛΙ
ΚΥΨΈΛΗ	ΠΡΌΒΑΤΟ
ΠΆΠΙΑ	ΒΟΣΚΌΣ
ΦΡΟΎΤΟ	ΑΧΥΡΏΝΑ
ΦΥΤΌ	ΖΏΑ
ΚΡΙΘΆΡΙ	ΤΡΑΚΤΈΡ
ΛΆΜΑ	ΣΙΤΆΡΙ
ΑΡΝΊ	ΛΙΒΆΔΙ
ΚΑΛΑΜΠΌΚΙ	ΑΝΕΜΌΜΥΛΟ

97 - Gartenarbeit

```
Ρ  Υ  Μ  Μ  Φ  Ν  Ο  Μ  Ο  Ρ  Π  Σ  Ο  Ν  Δ  Έ
Μ  Ι  Ί  Ι  Ύ  Π  Δ  Έ  Π  Η  Γ  Ί  Δ  Υ  Ο  Γ
Ρ  Δ  Ε  Ο  Λ  Π  Υ  Γ  Ε  Ο  Λ  Σ  Τ  Ω  Χ  Υ
Έ  Ω  Λ  Ρ  Λ  Ό  Ρ  Ε  Ν  Σ  Υ  Ο  Ω  Ι  Ε  Λ
Β  Ξ  Ω  Ό  Ω  Λ  Β  Ψ  Υ  Η  Ρ  Κ  Υ  Ω  Ί  Μ
Υ  Β  Λ  Π  Μ  Μ  Ο  Ι  Α  Χ  Β  Ε  Έ  Χ  Ο  Κ
Ρ  Ε  Ί  Σ  Α  Σ  Μ  Λ  Ρ  Ε  Ρ  Ί  Ω  Τ  Ρ  Λ
Ή  Β  Ο  Τ  Α  Ν  Ι  Κ  Ή  Ε  Έ  Δ  Ψ  Ψ  Ο  Ί
Κ  Ο  Π  Ρ  Ό  Χ  Ω  Μ  Α  Λ  Π  Ο  Λ  Σ  Δ  Μ
Α  Ν  Ή  Λ  Ω  Σ  Χ  Ο  Μ  Δ  Η  Σ  Γ  Α  Σ  Α
Ι  Έ  Σ  Τ  Ω  Ο  Ι  Ρ  Ι  Ξ  Π  Ο  Ο  Έ  Ρ  Τ
Χ  Υ  Ε  Λ  Ι  Σ  Α  Ψ  Σ  Α  Ο  Ρ  Ί  Θ  Ω  Τ
Ο  Β  Β  Ρ  Ω  Μ  Ι  Ά  Ώ  Γ  Δ  Β  Ν  Ο  Ν  Ν
Π  Ε  Μ  Τ  Χ  Ε  Γ  Χ  Ρ  Δ  Ξ  Μ  Α  Δ  Έ  Ά
Ε  Ξ  Ω  Τ  Ι  Κ  Ό  Ξ  Β  Η  Α  Ψ  Ί  Ρ  Μ  Π
Υ  Γ  Ρ  Α  Σ  Ί  Α  Ρ  Η  Α  Φ  Ύ  Λ  Λ  Ο  Ε
```

ΕΊΔΟΣ	ΚΟΠΡΌΧΩΜΑ
ΦΎΛΛΟ	ΦΎΛΛΩΜΑ
ΆΝΘΟΣ	ΠΕΡΙΒΌΛΙ
ΒΟΤΑΝΙΚΉ	ΣΠΌΡΟΙ
ΔΟΧΕΊΟ	ΕΠΟΧΙΑΚΉ
ΒΡΏΣΙΜΑ	ΣΩΛΉΝΑ
ΕΞΩΤΙΚΌ	ΒΡΩΜΙΆ
ΥΓΡΑΣΊΑ	ΜΠΟΥΚΈΤΟ
ΚΛΊΜΑ	ΝΕΡΌ

98 - Berufe #2

Β	Ε	Φ	Ε	Υ	Ρ	Έ	Τ	Η	Σ	Ψ	Χ	Ι	Ε	Φ	Ι
Ι	Ι	Σ	Ό	Κ	Ι	Τ	Ι	Λ	Ο	Π	Ε	Λ	Ι	Ω	Α
Τ	Α	Ο	Μ	Υ	Έ	Δ	Ε	Ξ	Γ	Α	Ι	Ο	Κ	Τ	Τ
Κ	Φ	Ρ	Λ	Η	Ξ	Σ	Α	Β	Ό	Γ	Ρ	Υ	Ο	Ο	Ρ
Έ	Ι	Τ	Γ	Ό	Χ	Ω	Τ	Ξ	Λ	Π	Ο	Ε	Ν	Γ	Ο
Τ	Λ	Α	Λ	Σ	Γ	Α	Ι	Χ	Ο	Ξ	Υ	Ρ	Ο	Ρ	Σ
Ε	Ό	Ί	Ω	Η	Ν	Ο	Ν	Τ	Ω	Μ	Ρ	Ε	Γ	Ά	Ξ
Τ	Σ	Τ	Σ	Τ	Π	Χ	Σ	Ι	Ζ	Χ	Γ	Υ	Ρ	Φ	Ζ
Ν	Ο	Ν	Σ	Ύ	Ω	Ο	Ό	Π	Κ	Γ	Ό	Ν	Ά	Ο	Ω
Ψ	Φ	Ο	Ο	Α	Δ	Ί	Ρ	Ξ	Σ	Ό	Σ	Η	Φ	Σ	Γ
Η	Ο	Δ	Λ	Ν	Τ	Β	Υ	Έ	Δ	Τ	Σ	Τ	Ο	Τ	Ρ
Ω	Σ	Ο	Ό	Ο	Η	Ν	Ο	Υ	Σ	Ν	Ν	Ή	Σ	Π	Ά
Γ	Χ	Ω	Γ	Ρ	Ί	Β	Π	Ε	Ρ	Α	Η	Σ	Ν	Ο	Φ
Μ	Ψ	Χ	Ο	Τ	Υ	Ν	Η	Ρ	Δ	Ρ	Χ	Τ	Ί	Έ	Ο
Ξ	Τ	Δ	Σ	Σ	Μ	Ή	Κ	Ι	Τ	Ο	Λ	Ι	Π	Ί	Σ
Δ	Ά	Σ	Κ	Α	Λ	Ο	Σ	Ξ	Λ	Ε	Ε	Σ	Δ	Ω	Α

ΙΑΤΡΟΣ
ΑΣΤΡΟΝΑΎΤΗΣ
ΒΙΟΛΌΓΟΣ
ΧΕΙΡΟΥΡΓΌΣ
ΝΤΕΤΈΚΤΙΒ
ΕΦΕΥΡΈΤΗΣ
ΕΡΕΥΝΗΤΉΣ
ΦΩΤΟΓΡΆΦΟΣ
ΚΗΠΟΥΡΌΣ
ΕΙΚΟΝΟΓΡΆΦΟΣ

ΜΗΧΑΝΙΚΌΣ
ΔΆΣΚΑΛΟΣ
ΓΛΩΣΣΟΛΌΓΟΣ
ΖΩΓΡΆΦΟΣ
ΦΙΛΌΣΟΦΟΣ
ΠΙΛΟΤΙΚΉ
ΠΟΛΙΤΙΚΌΣ
ΟΔΟΝΤΊΑΤΡΟΣ
ΖΩΟΛΌΓΟΣ

99 - Wetter

Ξ	Ι	Χ	Λ	Σ	Ε	Λ	Μ	Α	Τ	Έ	Η	Ν	Τ	Β	Χ
Ω	Ο	Χ	Ξ	Α	Ί	Σ	Α	Ρ	Κ	Ο	Μ	Ρ	Ε	Θ	Ι
Ή	Η	Α	Ξ	Σ	Σ	Ο	Γ	Ά	Π	Μ	Ά	Σ	Υ	Ε	Ο
Κ	Λ	Ί	Μ	Α	Ο	Τ	Ι	Χ	Τ	Υ	Ν	Ύ	Π	Τ	Υ
Ι	Χ	Σ	Σ	Ν	Ο	Υ	Ρ	Έ	Χ	Β	Ε	Ν	Ξ	Γ	Ρ
Π	Ί	Α	Ψ	Ώ	Ω	Β	Ρ	Α	Ε	Ι	Μ	Ν	Λ	Δ	Ι
Ο	Μ	Ρ	Χ	Σ	Τ	Β	Ρ	Ά	Π	Ε	Ο	Ε	Ί	Α	Κ
Ρ	Ο	Η	Ω	Υ	Μ	Ί	Α	Ο	Ν	Ή	Σ	Φ	Ί	Ε	Α
Τ	Ρ	Ξ	Μ	Ο	Ο	Ψ	Δ	Α	Ν	Ι	Υ	Ο	Π	Ρ	Ν
Τ	Ω	Ψ	Ε	Μ	Σ	Ξ	Ί	Β	Ω	Τ	Ο	Ο	Λ	Ά	Α
Η	Ρ	Ε	Μ	Ί	Α	Η	Γ	Ρ	Η	Ο	Ή	Τ	Α	Κ	Σ
Χ	Δ	Ι	Σ	Π	Ο	Λ	Ι	Κ	Ή	Ι	Ί	Α	Ό	Ι	Γ
Υ	Α	Τ	Μ	Ό	Σ	Φ	Α	Ι	Ρ	Α	Δ	Γ	Ρ	Ξ	Γ
Ε	Γ	Δ	Υ	Υ	Ί	Π	Τ	Ψ	Ε	Ε	Π	Λ	Η	Ί	Ο
Χ	Β	Ξ	Έ	Σ	Ό	Ν	Α	Ρ	Υ	Ο	Ί	Η	Ξ	Γ	Ρ
Ξ	Ί	Ο	Ν	Ω	Γ	Χ	Κ	Α	Ε	Ω	Γ	Χ	Γ	Δ	Ε

ΑΤΜΌΣΦΑΙΡΑ
ΑΣΤΡΑΠΉ
ΑΕΡΆΚΙ
ΒΡΟΝΤΉ
ΞΗΡΑΣΊΑ
ΠΆΓΟΣ
ΟΥΡΑΝΌΣ
ΧΙΟΥΡΙΚΑΝΑΣ
ΚΛΊΜΑ
ΜΟΥΣΏΝΑΣ

ΟΜΊΧΛΗ
ΠΟΛΙΚΉ
ΟΥΡΆΝΙΟ ΤΌΞΟ
ΗΡΕΜΊΑ
ΚΑΤΑΙΓΊΔΑ
ΘΕΡΜΟΚΡΑΣΊΑ
ΞΗΡΌ
ΤΡΟΠΙΚΉ
ΆΝΕΜΟΣ
ΣΎΝΝΕΦΟ

100 - Chemie

```
Ν Έ Τ Υ Έ Α Ι Α Τ Ύ Ξ Ο Β Ε Έ Θ
Σ Σ Τ Υ Τ Ν Ε Λ Ε Η Σ Ξ Ι Υ Γ Ε
Υ Ο Π Ί Π Τ Ί Κ Η Π Ε Υ Ο Δ Β Ρ
Ο Ι Σ Ι Α Ί Χ Α Δ Ψ Έ Γ Λ Ρ Ι Μ
Α Ε Σ Β Χ Δ Δ Λ Ι Ι Έ Ό Ο Ο Ξ Ό
Γ Ί Χ Υ Α Ρ Ν Ι Ι Π Ρ Ν Γ Γ Α Τ
Έ Ρ Σ Ο Λ Α Α Κ Χ Ξ Η Ο Ι Ό Λ Η
Ω Λ Α Α Χ Σ Έ Ό Ρ Γ Υ Ε Κ Ν Η Τ
Ζ Ε Κ Υ Ρ Η Ρ Ν Λ Ω Χ Δ Ή Ο Τ Α
Υ Ψ Α Ί Ή Κ Ι Ν Η Ρ Υ Π Ρ Π Ύ Π
Γ Γ Ρ Α Δ Ξ Ο Ι Ν Ό Ρ Τ Κ Ε Λ Η
Ί Υ Θ Τ Λ Ψ Δ Μ Ο Μ Υ Ζ Ν Έ Α Ψ
Ζ Ο Ν Λ Ξ Ά Ψ Ί Ρ Ο Ό Γ Ο Ι Τ Ν
Ω Σ Ά Μ Ν Σ Τ Ν Ω Ε Έ Ρ Π Ό Α Τ
Χ Λ Ώ Ρ Ι Ο Ν Ι Ο Μ Θ Μ Ι Ν Κ Ν
Ψ Ί Τ Ν Ο Δ Ν Χ Η Έ Ξ Λ Χ Ο Λ Χ
```

ΑΛΚΑΛΙΚΌ	ΆΝΘΡΑΚΑΣ
ΧΛΏΡΙΟ	ΜΌΡΙΟ
ΗΛΕΚΤΡΌΝΙΟ	ΠΥΡΗΝΙΚΉ
ΈΝΖΥΜΟ	ΒΙΟΛΟΓΙΚΉ
ΥΓΡΌ	ΑΝΤΊΔΡΑΣΗ
ΑΈΡΙΟ	ΑΛΆΤΙ
ΖΥΓΊΖΩ	ΟΞΥΓΌΝΟ
ΘΕΡΜΌΤΗΤΑ	ΟΞΎ
ΊΟΝ	ΘΕΡΜΟΚΡΑΣΊΑ
ΚΑΤΑΛΎΤΗ	ΥΔΡΟΓΌΝΟ

1 - Gesundheit und Wellness #2

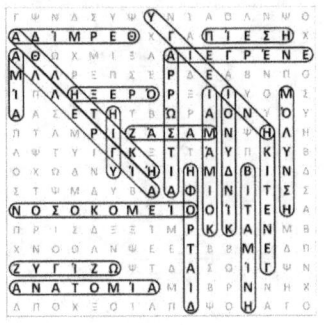

2 - Ozean

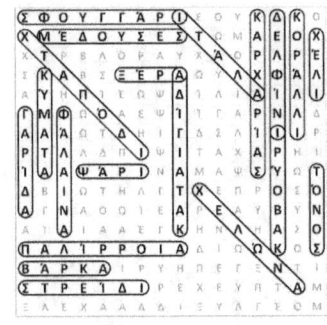

3 - Krankheit

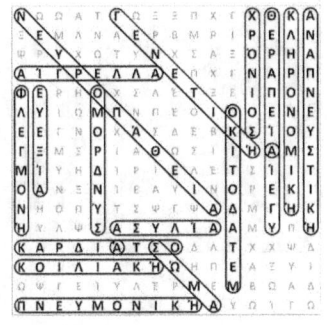

4 - Meditation

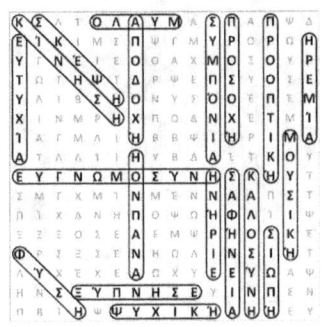

5 - Archäologie

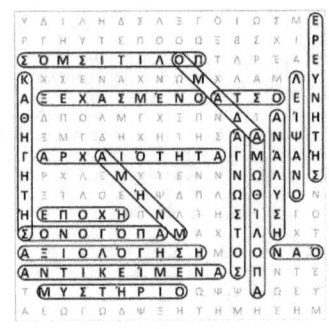

6 - Gesundheit und Wellness #1

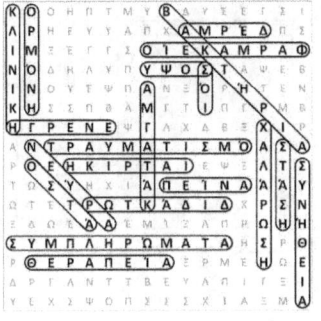

7 - Obst

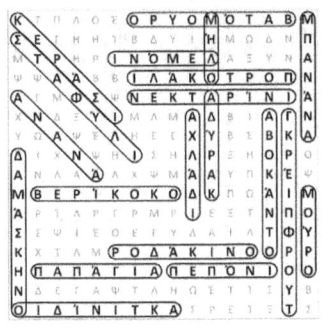

8 - Universum

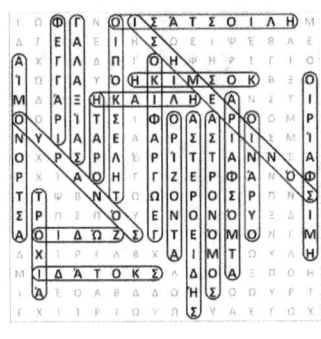

9 - Camping

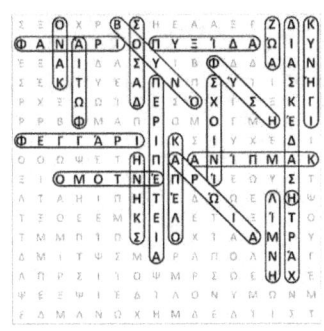

10 - Zeit

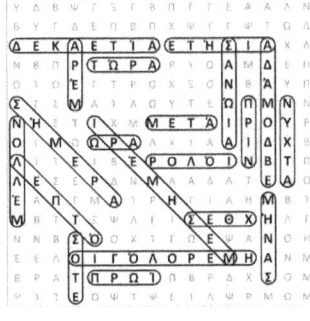

11 - Säugetiere

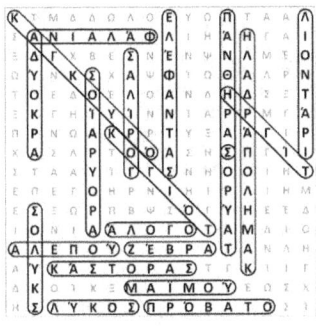

12 - Algebra

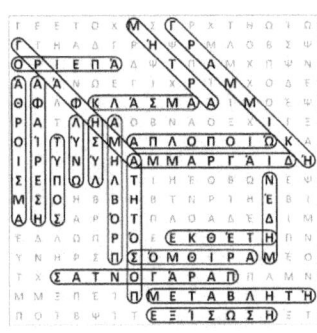

13 - Philanthropie

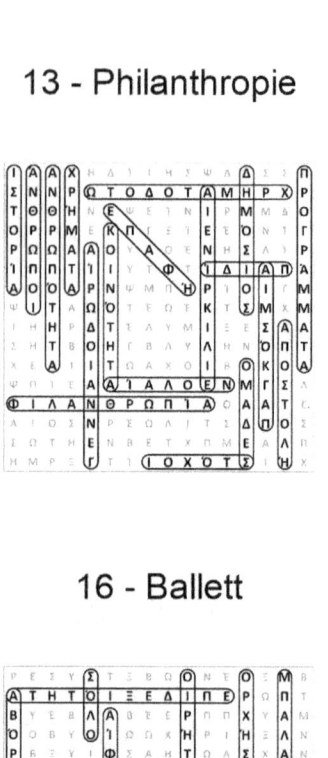

14 - Diplomatie

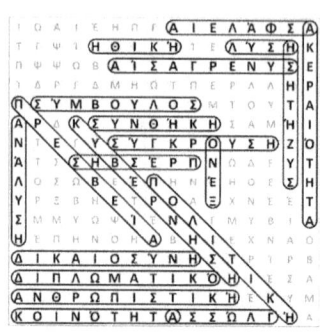

15 - Astronomie

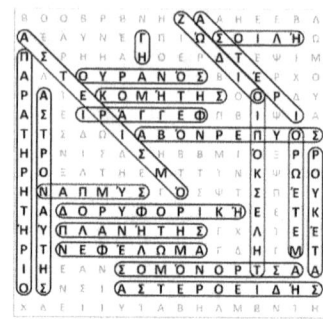

16 - Ballett

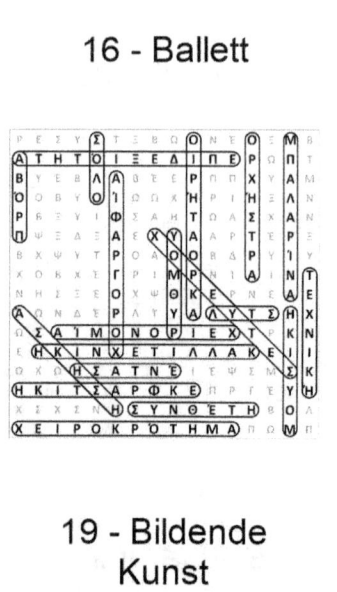

17 - Geologie

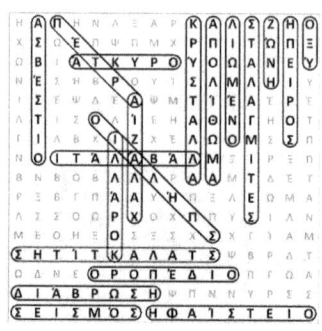

18 - Wissenschaft

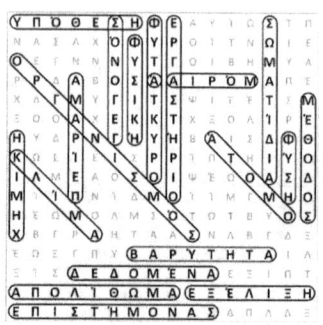

19 - Bildende Kunst

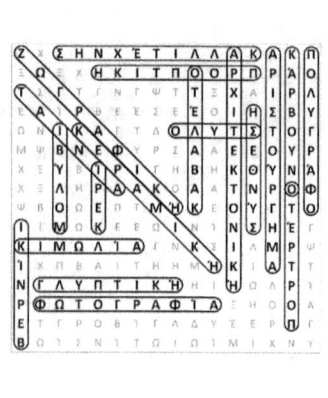

20 - Sport

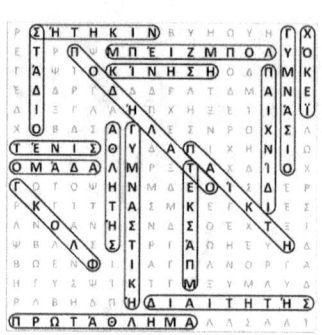

21 - Mythologie

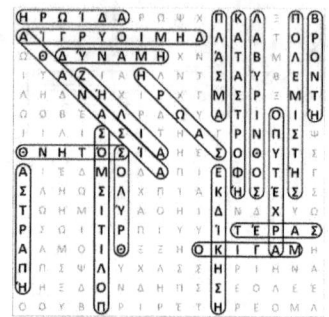

22 - Restaurant #2

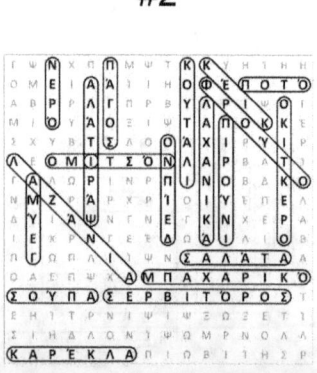

23 - Ökologie

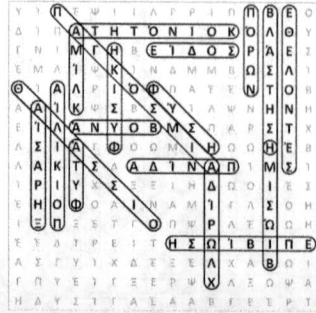

24 - Schokolade

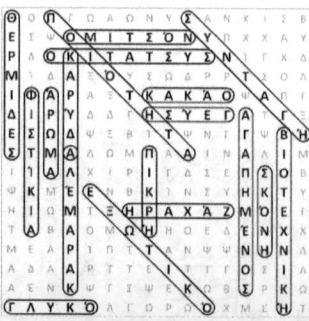

25 - Boote

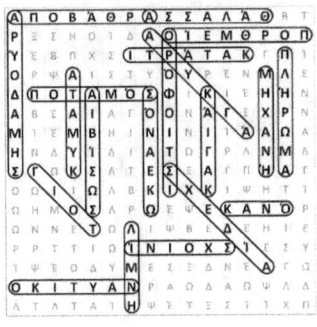

26 - Stadt

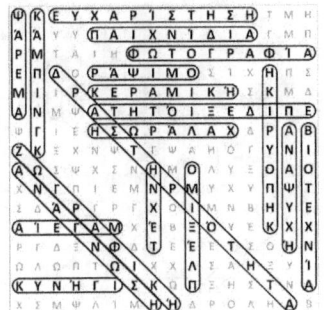

27 - Aktivitäten

28 - Bienen

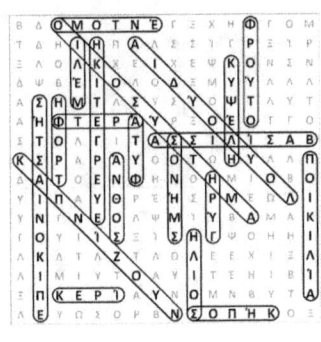

29 - Wissenschaftliche

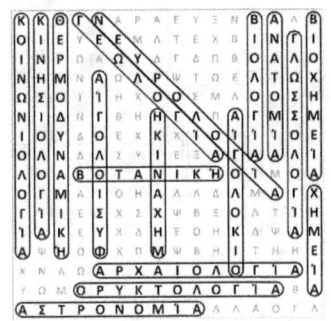

30 - Vögel

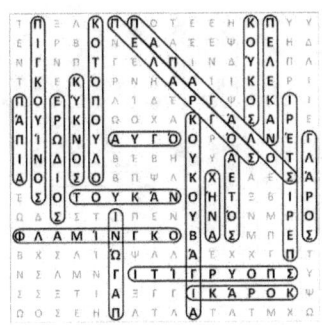

31 - Biologie

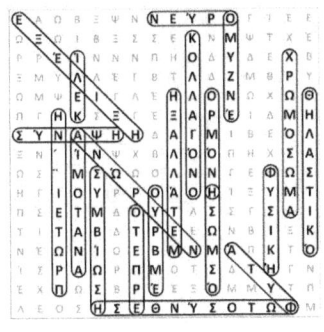

32 - Elektrizität

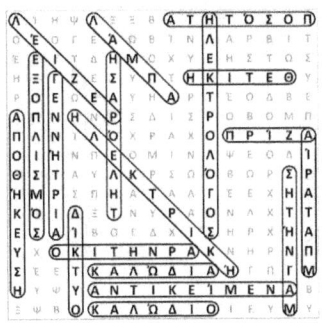

33 - Antarktis

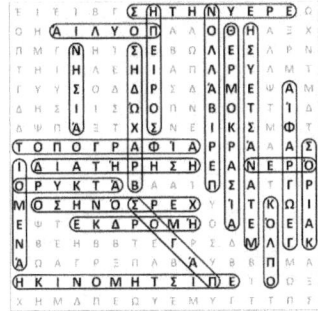

34 - Fahren

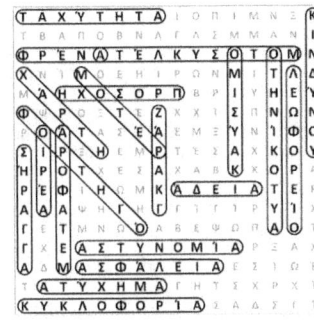

35 - Physik

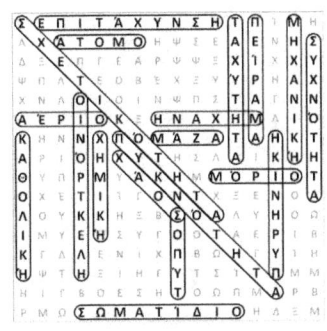

36 - Bücher

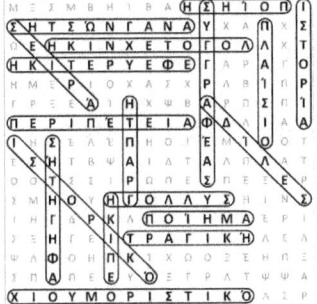

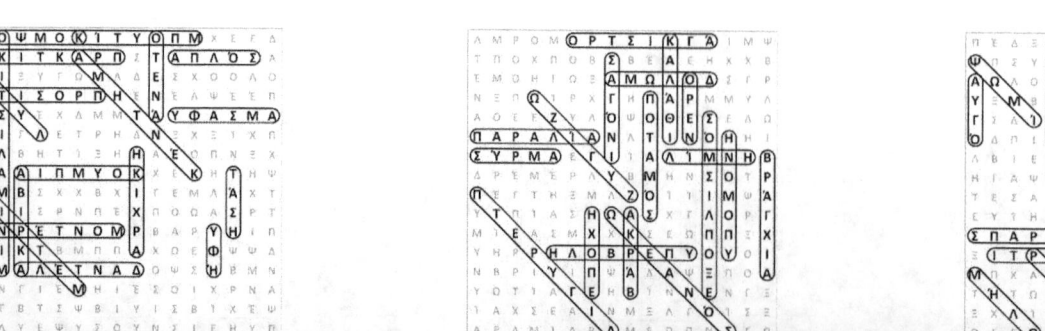

37 - Menschlicher Körper

38 - Agronomie

39 - Landschaften

40 - Abenteuer

41 - Flugzeuge

42 - Haartypen

43 - Essen #1

44 - Ethik

45 - Gebäude

46 - Mode

47 - Angeln

48 - Essen #2

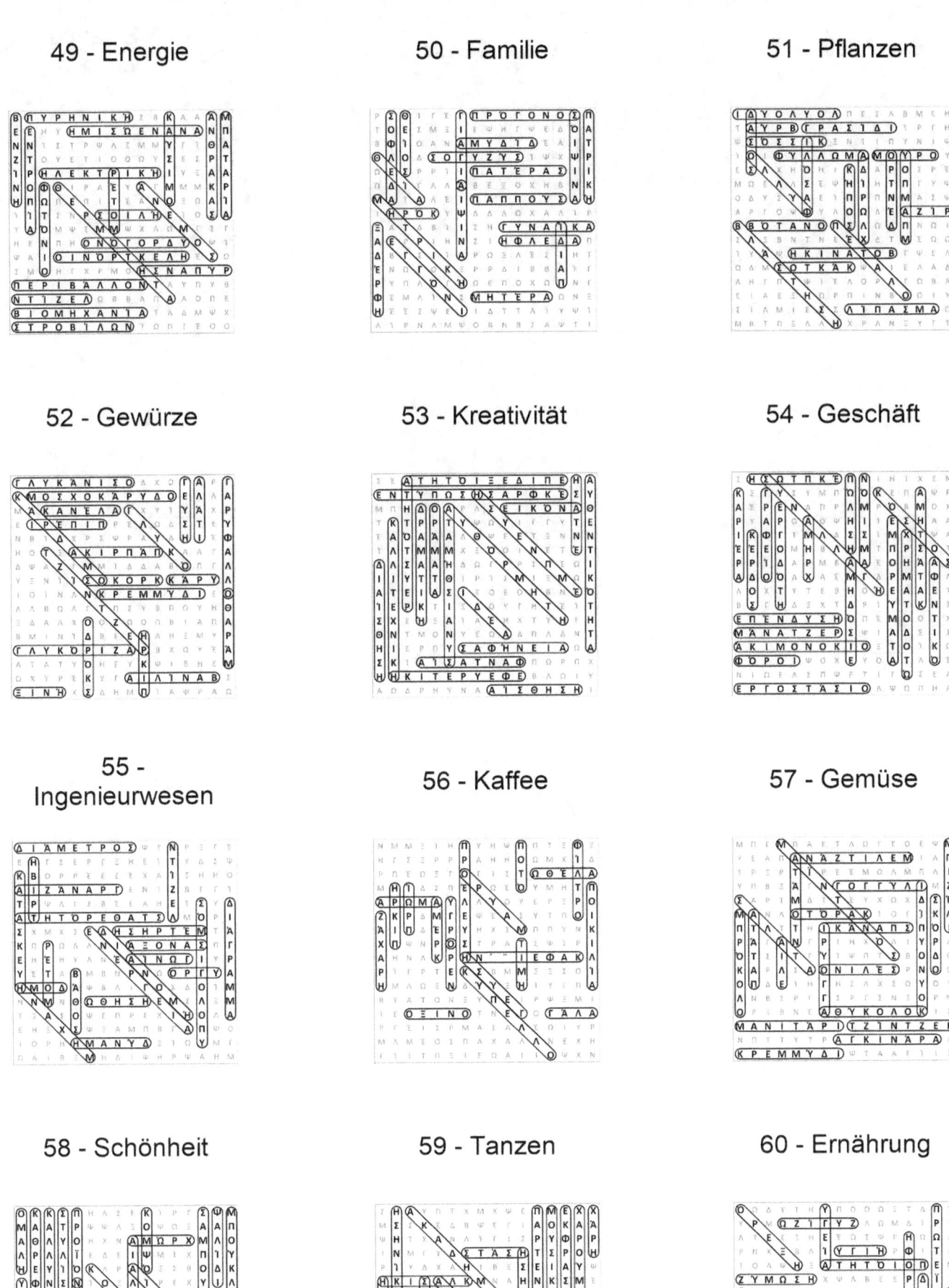

49 - Energie

50 - Familie

51 - Pflanzen

52 - Gewürze

53 - Kreativität

54 - Geschäft

55 - Ingenieurwesen

56 - Kaffee

57 - Gemüse

58 - Schönheit

59 - Tanzen

60 - Ernährung

61 - Länder #1

62 - Wasser

63 - Science Fiction

64 - Literatur

65 - Wandern

66 - Länder #2

67 - Fahrzeuge

68 - Musikinstrumente

69 - Blumen

70 - Natur

71 - Urlaub #2

72 - Barbecues

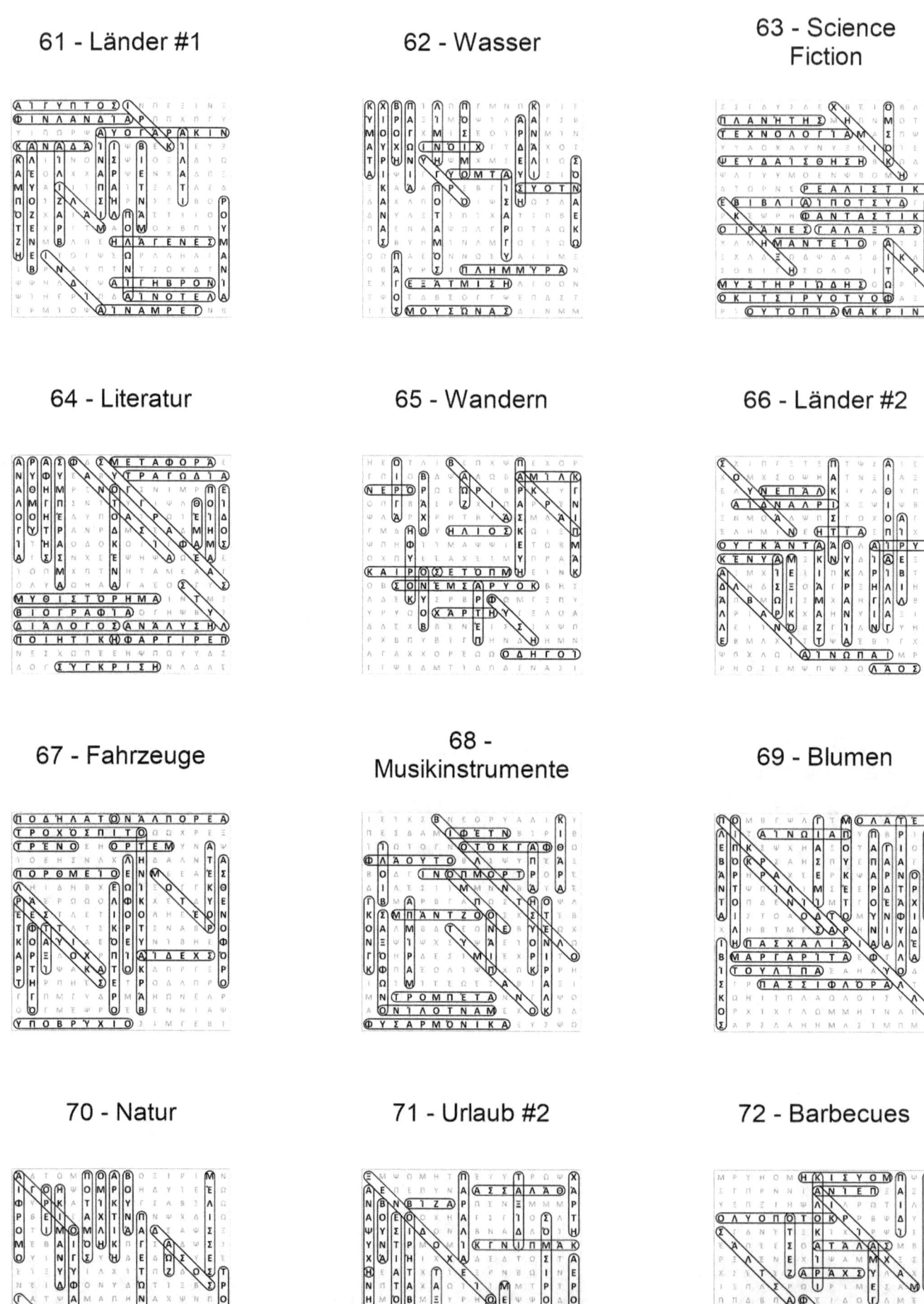

73 - Küche

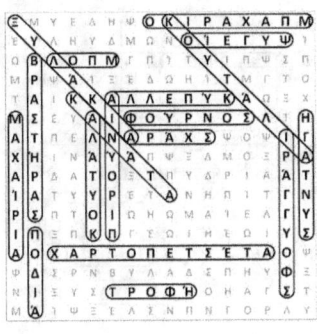

74 - Geographie

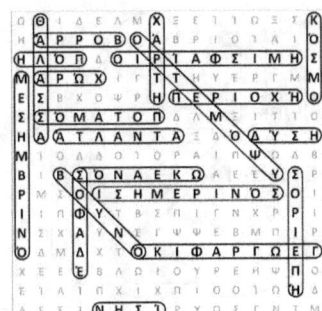

75 - Zahlen

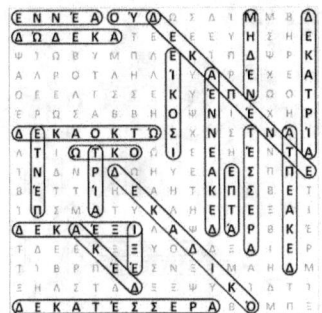

76 - Tage und Monate

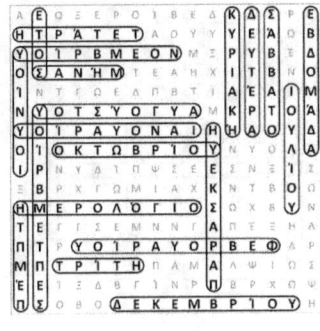

77 - Das Unternehmen

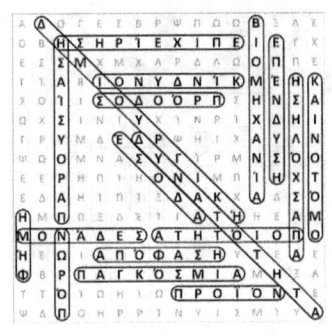

78 - Kräuterkunde

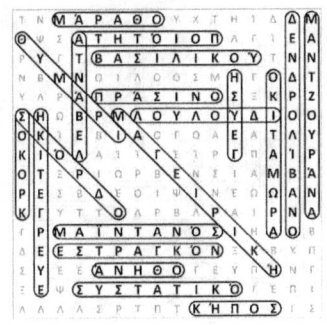

79 - Aktivitäten und Freizeit

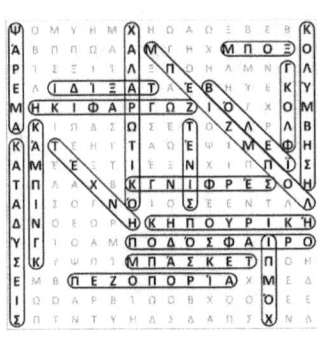

80 - Formen

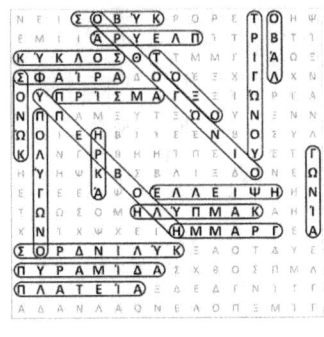

81 - Musik

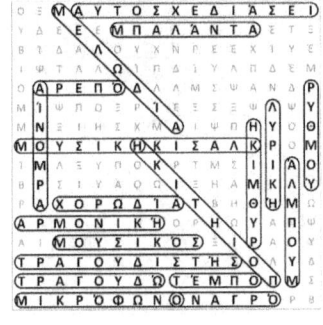

82 - Antiquitäten

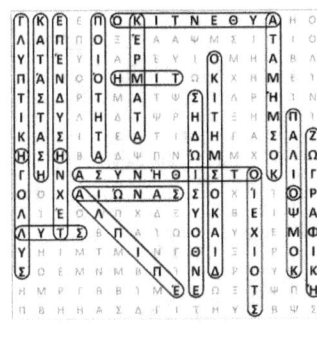

83 - Adjektive #2

84 - Kleidung

85 - Farben

86 - Haus

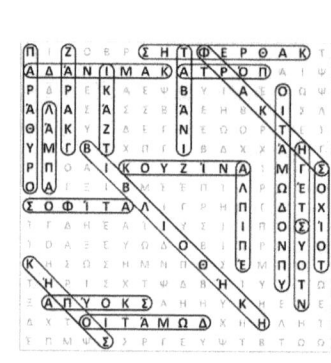

87 - Bauernhof #1

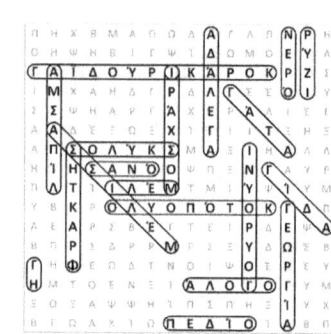

88 - Regierung

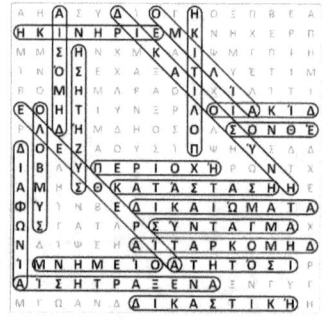

89 - Berufe #1

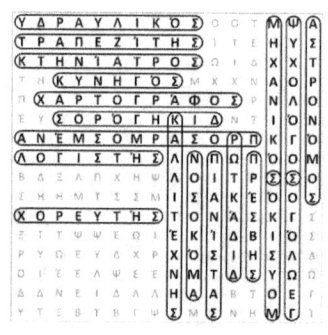

90 - Adjektive #1

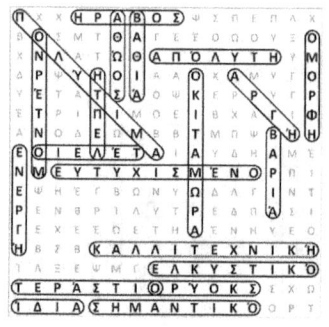

91 - Geometrie

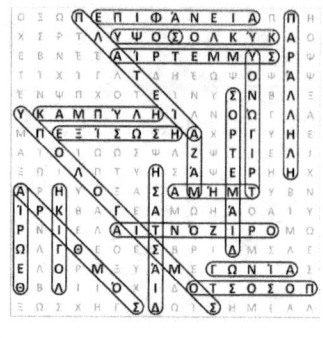

92 - Jazz

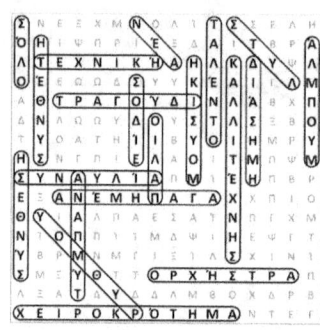

93 - Mathematik

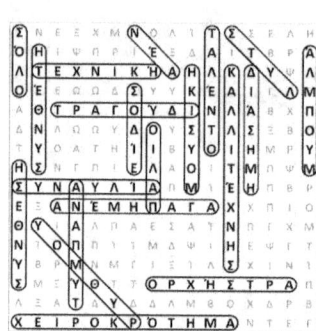

94 - Messungen

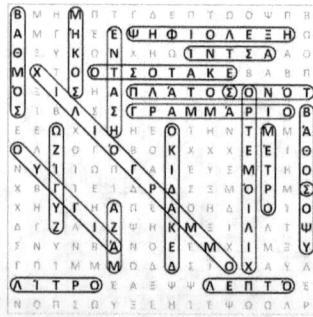

95 - Boxen

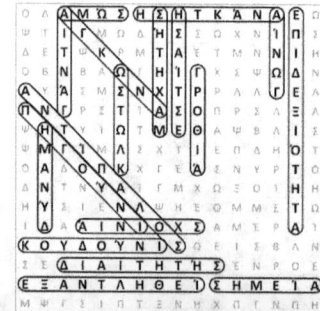

96 - Bauernhof #2

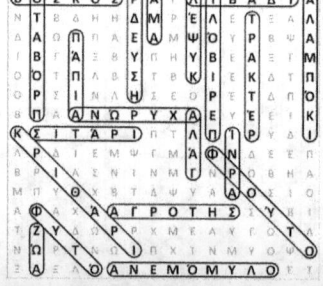

97 - Gartenarbeit

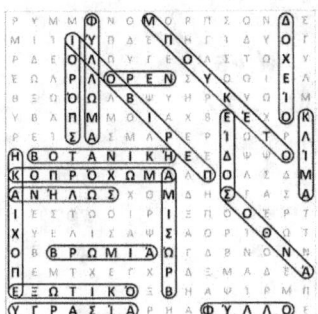

98 - Berufe #2

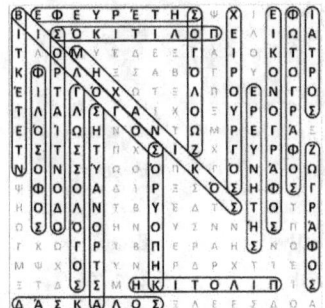

99 - Wetter

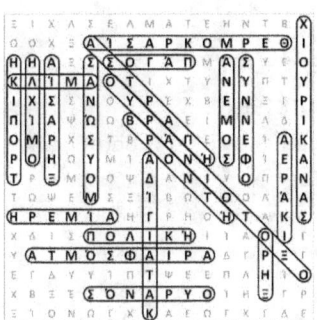

100 - Chemie

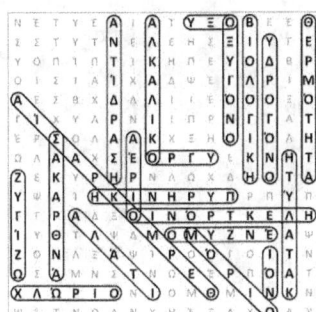

Wörterbuch

Abenteuer
Περιπέτεια

Aktivität	Δραστηριότητα
Ausflug	Εκδρομή
Begeisterung	Ενθουσιασμόσ
Chance	Ευκαιρία
Freude	Χαρά
Freunde	Φίλοι
Gefährlich	Επικίνδυνο
Natur	Φύση
Navigation	Πλοήγηση
Neu	Νέα
Reisen	Ταξίδι
Route	Δρομολόγιο
Schönheit	Ομορφιά
Schwierigkeit	Δυσκολία
Sicherheit	Ασφάλεια
Tapferkeit	Γενναιότητα
Ungewöhnlich	Ασυνήθιστο
Vorbereitung	Παρασκευή
Ziel	Προορισμόσ

Adjektive #1
Επίθετα #1

Absolut	Απόλυτη
Aktiv	Ενεργή
Aromatisch	Αρωματικό
Attraktiv	Ελκυστικό
Dunkel	Σκούρο
Dünn	Λεπτή
Ernst	Σοβαρή
Glücklich	Ευτυχισμένο
Identisch	Ίδια
Künstlerisch	Καλλιτεχνική
Langsam	Αργή
Modern	Μοντέρνο
Perfekt	Τέλειο
Riesig	Τεράστιο
Schön	Όμορφη
Schwer	Βαριά
Tief	Βαθιά
Unschuldig	Αθώοσ
Wertvoll	Πολύτιμα
Wichtig	Σημαντικό

Adjektive #2
Επίθετα #2

Authentisch	Αυθεντικό
Berühmt	Διάσημη
Beschreibend	Περιγραφικό
Dramatisch	Δραματική
Elegant	Κομψό
Essbar	Βρώσιμα
Frisch	Φρέσκο
Gesund	Υγιή
Hungrig	Πεινασμένοσ
Interessant	Ενδιαφέρον
Kreativ	Δημιουργική
Natürlich	Φυσική
Neu	Νέα
Normal	Κανονική
Produktiv	Παραγωγική
Salzig	Αλμυρή
Stark	Ισχυρή
Stolz	Υπεροχη
Verantwortlich	Υπεύθυνοσ
Wild	Άγριο

Agronomie
Αγρονομία

Dünger	Λίπασμα
Energie	Ενέργεια
Erosion	Διάβρωση
Forschung	Έρευνα
Gemüse	Λαχανικά
Krankheit	Ασθένεια
Landwirtschaft	Γεωργία
Ländlich	Αγροτική
Nachhaltig	Βιώσιμη
Organisch	Βιολογική
Ökologie	Οικολογία
Pflanzen	Φυτά
Produktion	Παραγωγή
Studie	Μελέτη
Systeme	Σύστημα
Umwelt	Περιβάλλον
Verschmutzung	Ρύπανση
Wachstum	Ανάπτυξη
Wasser	Νερό
Wissenschaft	Επιστήμη

Aktivitäten
Δραστηριότητες

Aktivität	Δραστηριότητα
Angeln	Ψάρεμα
Camping	Κάμπινγκ
Entspannung	Χαλάρωση
Fähigkeit	Επιδεξιότητα
Fotografie	Φωτογραφία
Freizeit	Αναψυχή
Gartenarbeit	Κηπουρική
Gemälde	Ζωγραφική
Jagd	Κυνήγι
Keramik	Κεραμική
Kunst	Τέχνη
Kunsthandwerk	Βιοτεχνία
Lesen	Ανάγνωση
Magie	Μαγεία
Nähen	Ράψιμο
Spiele	Παιχνίδια
Stricken	Πλέξιμο
Vergnügen	Ευχαρίστηση
Wandern	Πεζοπορία

Aktivitäten und Freizeit
Δραστηριότητες και Αναψυχή

Angeln	Ψάρεμα
Baseball	Μπέιζμπολ
Basketball	Μπάσκετ
Boxen	Μποξ
Camping	Κάμπινγκ
Entspannend	Χαλαρωτικό
Fussball	Ποδόσφαιρο
Gartenarbeit	Κηπουρική
Gemälde	Ζωγραφική
Golf	Γκολφ
Hobbies	Χόμπι
Kunst	Τέχνη
Reise	Ταξίδι
Schwimmen	Κολύμβηση
Surfen	Σέρφινγκ
Tauchen	Καταδύσεις
Tennis	Τένις
Volleyball	Βόλεϊ
Wandern	Πεζοπορία

Algebra
Άλγεβρα

Bruchteil	Κλάσμα
Diagramm	Διάγραμμα
Exponent	Εκθέτη
Faktor	Παράγοντασ
Formel	Τύποσ
Gleichung	Εξίσωση
Graph	Γράφημα
Linear	Γραμμική
Lösen	Λύνω
Lösung	Λύση
Matrix	Μήτρα
Menge	Ποσότητα
Null	Μηδέν
Nummer	Αριθμόσ
Problem	Πρόβλημα
Subtraktion	Αφαίρεση
Summe	Άθροισμα
Unendlich	Άπειρο
Variable	Μεταβλητή
Vereinfachen	Απλοποιώ

Angeln
Ψάρεμα

Ausrüstung	Εξοπλισμόσ
Boot	Βάρκα
Draht	Σύρμα
Flossen	Πτερύγια
Fluss	Ποταμόσ
Geduld	Υπομονή
Gewicht	Ζυγίζω
Haken	Άγκιστρο
Jahreszeit	Εποχή
Kiefer	Σαγόνι
Kiemen	Βράγχια
Korb	Καλάθι
Köder	Δόλωμα
Ozean	Ωκεανόσ
See	Λίμνη
Strand	Παραλία
Übertreibung	Υπερβολή
Wasser	Νερό

Antarktis
Ανταρκτική

Bucht	Κόλπο
Eis	Πάγοσ
Erhaltung	Διατήρηση
Expedition	Εκδρομή
Felsig	Βραχώδησ
Forscher	Ερευνητήσ
Geographie	Γεωγραφία
Halbinsel	Χερσόνησο
Inseln	Νησιά
Kontinent	Ήπειροσ
Migration	Μετανάστευση
Mineralien	Ορυκτά
Temperatur	Θερμοκρασία
Topographie	Τοπογραφία
Umwelt	Περιβάλλον
Vögel	Πουλιά
Wasser	Νερό
Wetter	Καιρόσ
Wind	Άνεμοι
Wissenschaftlich	Επιστημονική

Antiquitäten
Αντίκες

Alt	Παλιό
Artikel	Στοιχείο
Authentisch	Αυθεντικό
Dekorativ	Διακοσμητικό
Elegant	Κομψό
Enthusiast	Ενθουσιώδησ
Galerie	Συλλογή
Gemälde	Ζωγραφική
Investition	Επένδυση
Jahrhundert	Αιώνασ
Kunst	Τέχνη
Möbel	Έπιπλα
Münzen	Κέρματα
Preis	Τιμή
Qualität	Ποιότητα
Schmuck	Κοσμήματα
Skulptur	Γλυπτική
Stil	Στυλ
Ungewöhnlich	Ασυνήθιστο
Zustand	Κατάσταση

Archäologie
Αρχαιολογία

Analyse	Ανάλυση
Antiquität	Αρχαιότητα
Auswertung	Αξιολόγηση
Ära	Εποχή
Forscher	Ερευνητήσ
Fossil	Απολίθωμα
Geheimnis	Μυστήριο
Grab	Μνήμα
Knochen	Οστά
Mannschaft	Ομάδα
Nachkomme	Απόγονοσ
Objekte	Αντικείμενα
Professor	Καθηγητήσ
Relikt	Λείψανο
Tempel	Ναό
Unbekannt	Άγνωστοσ
Vergessen	Ξεχασμένο
Zivilisation	Πολιτισμόσ

Astronomie
Αστρονομία

Asteroid	Αστεροειδήσ
Astronaut	Αστροναύτησ
Astronom	Αστρονόμοσ
Erde	Γη
Himmel	Ουρανόσ
Komet	Κομήτησ
Konstellation	Αστερισμό
Meteor	Μετέωρο
Mond	Φεγγάρι
Nebel	Νεφέλωμα
Observatorium	Παρατηρητήριο
Planet	Πλανήτησ
Rakete	Ρουκέτα
Satellit	Δορυφορική
Sonne	Ήλιοσ
Stern	Αστέρι
Supernova	Σουπερνόβα
Teleskop	Τηλεσκόπιο
Tierkreis	Ζώδιο
Universum	Σύμπαν

Ballett
Μπαλέτο

Applaus	Χειροκρότημα
Ausdrucksvoll	Εκφραστική
Ballerina	Μπαλαρίνα
Choreographie	Χορογραφία
Fähigkeit	Επιδεξιότητα
Geste	Χειρονομία
Intensität	Ένταση
Komponist	Συνθέτη
Künstlerisch	Καλλιτεχνική
Musik	Μουσική
Orchester	Ορχήστρα
Praxis	Άσκηση
Probe	Πρόβα
Publikum	Ακροατήριο
Rhythmus	Ρυθμού
Solo	Σόλο
Stil	Στυλ
Tänzer	Χορευτεσ
Technik	Τεχνική

Barbecues
Μπάρμπεκιου

Abendessen	Δείπνο
Familie	Οικογένεια
Frucht	Φρούτο
Gabeln	Πιρούνια
Gemüse	Λαχανικά
Grill	Σχάρα
Heiss	Ζεστό
Huhn	Κοτόπουλο
Hunger	Πείνα
Kinder	Παιδί
Kochen	Μαγείρεμα
Messer	Μαχαίρια
Mittagessen	Γεύμα
Musik	Μουσική
Pfeffer	Πιπέρι
Salate	Σαλάτα
Salz	Αλάτι
Sommer	Καλοκαίρι
Sosse	Σάλτσα
Spiele	Παιχνίδια

Bauernhof #1
Αγρόκτημα #1

Biene	Μέλισσα
Dünger	Λίπασμα
Esel	Γαϊδούρι
Feld	Πεδίο
Heu	Σανό
Honig	Μέλι
Huhn	Κοτόπουλο
Hund	Σκύλοσ
Kalb	Μοσχάρι
Katze	Γάτα
Krähe	Κοράκι
Kuh	Αγελάδα
Land	Γη
Landwirtschaft	Γεωργία
Pferd	Άλογο
Reis	Ρύζι
Schwein	Γουρούνι
Wasser	Νερό
Zaun	Φρακτησ
Ziege	Γίδα

Bauernhof #2
Αγρόκτημα #2

Bauer	Αγροτης
Bewässerung	Άρδευση
Bienenstock	Κυψέλη
Ente	Πάπια
Frucht	Φρούτο
Gemüse	Φυτό
Gerste	Κριθάρι
Lama	Λάμα
Lamm	Αρνί
Mais	Καλαμπόκι
Milch	Γάλα
Obstgarten	Περιβόλι
Schaf	Πρόβατο
Schäfer	Βοσκός
Scheune	Αχυρώνα
Tiere	Ζώα
Traktor	Τρακτέρ
Weizen	Σιτάρι
Wiese	Λιβάδι
Windmühle	Ανεμόμυλο

Berufe #1
Επαγγέλματα #1

Arzt	Διδάκτωρ
Astronom	Αστρονόμοσ
Bankier	Τραπεζίτησ
Botschafter	Πρέσβησ
Buchhalter	Λογιστήσ
Geologe	Γεωλόγοσ
Jäger	Κυνηγόσ
Kartograph	Χαρτογράφοσ
Klempner	Υδραυλικόσ
Krankenschwester	Νοσοκόμα
Künstler	Καλλιτέχνησ
Mechaniker	Μηχανικόσ
Musiker	Μουσικόσ
Pianist	Πιανίστασ
Psychologe	Ψυχολόγοσ
Rechtsanwalt	Δικηγόροσ
Schneider	Προσαρμοσμένα
Tänzer	Χορευτήσ
Tierarzt	Κτηνίατροσ
Trainer	Προπονητήσ

Berufe #2
Επαγγέλματα #2

Arzt	Ιατροσ
Astronaut	Αστροναύτησ
Biologe	Βιολόγοσ
Chirurg	Χειρουργόσ
Detektiv	Ντετέκτιβ
Erfinder	Εφευρέτησ
Forscher	Ερευνητήσ
Fotograf	Φωτογράφοσ
Gärtner	Κηπουρόσ
Illustrator	Εικονογράφοσ
Ingenieur	Μηχανικόσ
Journalist	Δημοσιογράφοσ
Lehrer	Δάσκαλοσ
Linguist	Γλωσσολόγοσ
Maler	Ζωγράφοσ
Philosoph	Φιλόσοφοσ
Pilot	Πιλοτική
Politiker	Πολιτικόσ
Zahnarzt	Οδοντίατροσ
Zoologe	Ζωολόγοσ

Bienen
Μέλισσες

Bestäuber	Επικονιαστήσ
Bienenkorb	Κυψέλη
Blumen	Λουλούδια
Blüte	Άνθοσ
Essen	Τροφή
Flügel	Φτερά
Frucht	Φρούτο
Garten	Κήποσ
Honig	Μέλι
Insekt	Έντομο
Königin	Βασίλισσα
Ökosystem	Οικοσύστημα
Pflanzen	Φυτά
Pollen	Γύρη
Rauch	Καπνίζουν
Schwarm	Σμήνοσ
Sonne	Ήλιοσ
Vielfalt	Ποικιλία
Vorteilhaft	Ευεργετική
Wachs	Κερί

Bildende Kunst
Εικαστικές Τέχνες

Architektur	Αρχιτεκτονική
Bleistift	Μολύβι
Film	Ταινία
Foto	Φωτογραφία
Gemälde	Ζωγραφική
Holzkohle	Κάρβουνο
Keramik	Κεραμική
Kreide	Κιμωλία
Künstler	Καλλιτέχνησ
Lack	Βερνίκι
Meisterwerk	Αριστούργημα
Perspektive	Προοπτική
Porträt	Πορτρέτο
Schablone	Πολυγράφο
Skulptur	Γλυπτική
Staffelei	Καβαλέτο
Stift	Στυλό
Wachs	Κερί
Zusammensetzung	Σύνθεση

Biologie
Βιολογία

Anatomie	Ανατομία
Chromosom	Χρωμόσωμα
Embryo	Έμβρυο
Enzym	Ένζυμο
Evolution	Εξέλιξη
Hormon	Ορμόνη
Kollagen	Κολλαγόνο
Mutation	Μετάλλαξη
Natürlich	Φυσική
Nerv	Νεύρο
Neuron	Νευρώνα
Osmose	Όσμωση
Pflanzen	Φυτά
Photosynthese	Φωτοσύνθεση
Protein	Πρωτεΐνη
Reptil	Ερπετό
Säugetier	Θηλαστικό
Symbiose	Συμβίωση
Synapse	Σύναψη
Zelle	Κελί

Blumen
Λουλούδια

Blütenblatt	Πέταλο
Gardenie	Γαρδένια
Gänseblümchen	Μαργαρίτα
Hibiskus	Ιβίσκοσ
Jasmin	Γιασεμί
Klee	Τριφύλλι
Lavendel	Λεβάντα
Lila	Πασχαλιά
Lilie	Κρίνοσ
Löwenzahn	Πικραλίδα
Magnolie	Μανόλια
Mohn	Παπαρούνα
Orchidee	Ορχιδέα
Passionsblume	Πασσιφλόρα
Pfingstrose	Παιωνία
Rose	Τριαντάφυλλο
Sonnenblume	Ηλιοτρόπιο
Strauss	Μπουκέτο
Tulpe	Τουλίπα

Boote
Σκάφη

Anker	Άγκυρα
Boje	Σημαδούρα
Crew	Πλήρωμα
Dock	Αποβάθρα
Fähre	Πορθμείο
Floss	Σχεδία
Fluss	Ποταμόσ
Kajak	Καγιάκ
Kanu	Κανό
Mast	Κατάρτι
Meer	Θάλασσα
Motor	Μηχανή
Nautisch	Ναυτικό
Ozean	Ωκεανόσ
Rettungsboot	Σωσίβια
See	Λίμνη
Segelboot	Ιστιοφόρο
Seil	Σχοινί
Wellen	Κύματα
Yacht	Γιοτ

Boxen
Πυγμαχία

Ecke	Γωνία
Ellbogen	Αγκώνα
Erschöpft	Εξαντληθεί
Faust	Γροθιά
Fähigkeit	Επιδεξιότητα
Fokus	Εστίαση
Gegner	Αντίπαλοσ
Glocke	Κουδούνι
Handschuhe	Γάντια
Kämpfer	Μαχητήσ
Kick	Κλωτσώ
Kinn	Πηγούνι
Körper	Σώμα
Punkte	Σημεία
Recovery	Ανάκτηση
Schiedsrichter	Διαιτητήσ
Seile	Σχοινιά
Stärke	Δύναμη

Bücher
Βιβλία

Abenteuer	Περιπέτεια
Autor	Συγγραφέασ
Dualität	Δυαδικότητα
Episch	Επική
Erfinderisch	Εφευρετική
Erzähler	Αφηγητήσ
Gedicht	Ποίημα
Geschichte	Ιστορία
Geschrieben	Γραπτή
Historisch	Ιστορικό
Humorvoll	Χιουμοριστικό
Kollektion	Συλλογή
Kontext	Πλαίσιο
Leser	Αναγνώστησ
Literarisch	Λογοτεχνική
Poesie	Ποίηση
Roman	Μυθιστόρημα
Seite	Σελίδα
Serie	Σειρά
Tragisch	Τραγική

Camping
Κατασκήνωση

Abenteuer	Περιπέτεια
Berg	Βουνό
Feuer	Φωτιά
Hängematte	Αιώρα
Hut	Καπέλο
Insekt	Έντομο
Jagd	Κυνήγι
Kabine	Καμπίνα
Kanu	Κανό
Karte	Χάρτη
Kompass	Πυξίδα
Laterne	Φανάρι
Mond	Φεγγάρι
Natur	Φύση
See	Λίμνη
Seil	Σχοινί
Spass	Διασκέδαση
Tiere	Ζώα
Wald	Δασοσ
Zelt	Σκηνή

Chemie
Χημεία

Alkalisch	Αλκαλικό
Chlor	Χλώριο
Elektron	Ηλεκτρόνιο
Enzym	Ένζυμο
Flüssigkeit	Υγρό
Gas	Αέριο
Gewicht	Ζυγίζω
Hitze	Θερμότητα
Ion	Ιόν
Katalysator	Καταλύτη
Kohlenstoff	Άνθρακασ
Molekül	Μόριο
Nuklear	Πυρηνική
Organisch	Βιολογική
Reaktion	Αντίδραση
Salz	Αλάτι
Sauerstoff	Οξυγόνο
Säure	Οξύ
Temperatur	Θερμοκρασία
Wasserstoff	Υδρογόνο

Das Unternehmen
Η Εταιρεία

Beschäftigung	Απασχόληση
Einheiten	Μονάδεσ
Einnahmen	Έσοδα
Entscheidung	Απόφαση
Fortschritt	Πρόοδοσ
Geschäft	Επιχείρηση
Global	Παγκόσμια
Industrie	Βιομηχανία
Innovativ	Καινοτόμο
Investition	Επένδυση
Kreativ	Δημιουργική
Möglichkeit	Δυνατότητα
Präsentation	Παρουσίαση
Produkt	Προϊόν
Qualität	Ποιότητα
Ressourcen	Πόρων
Risiken	Κίνδυνοι
Ruf	Φήμη

Diplomatie
Διπλωματία

Auflösung	Ανάλυση
Ausländisch	Ξένο
Berater	Σύμβουλοσ
Botschaft	Πρεσβεία
Botschafter	Πρέσβησ
Diplomatisch	Διπλωματικό
Diskussion	Συζήτηση
Ethik	Ηθική
Gemeinschaft	Κοινότητα
Gerechtigkeit	Δικαιοσύνη
Humanitär	Ανθρωπιστική
Integrität	Ακεραιότητα
Konflikt	Σύγκρουση
Lösung	Λύση
Politik	Πολιτική
Regierung	Κυβέρνηση
Sicherheit	Ασφάλεια
Sprachen	Γλώσσα
Vertrag	Συνθήκη
Zusammenarbeit	Συνεργασία

Elektrizität
Ηλεκτρική Ενέργεια

Ausrüstung	Εξοπλισμόσ
Batterie	Μπαταρία
Drähte	Καλώδια
Elektriker	Ηλεκτρολόγοσ
Elektrisch	Ηλεκτρική
Fernsehen	Τηλεόραση
Generator	Γεννήτρια
Kabel	Καλώδιο
Lagerung	Αποθήκευση
Lampe	Λάμπα
Laser	Λέιζερ
Magnet	Μαγνήτησ
Menge	Ποσότητα
Negativ	Αρνητικό
Netzwerk	Δίκτυο
Objekte	Αντικείμενα
Positiv	Θετική
Steckdose	Πρίζα
Telefon	Τηλέφωνο

Energie
Ενέργεια

Batterie	Μπαταρία
Benzin	Βενζίνη
Brennstoff	Καύσιμο
Diesel	Ντίζελ
Elektrisch	Ηλεκτρική
Elektron	Ηλεκτρόνιο
Entropie	Εντροπία
Erneuerbar	Ανανεώσιμη
Hitze	Θερμότητα
Industrie	Βιομηχανία
Kohlenstoff	Άνθρακασ
Motor	Μοτέρ
Nuklear	Πυρηνική
Photon	Φωτόνιο
Sonne	Ήλιοσ
Turbine	Στροβίλων
Umwelt	Περιβάλλον
Verschmutzung	Ρύπανση
Wasserstoff	Υδρογόνο
Wind	Άνεμοσ

Ernährung
Διατροφή

Appetit	Όρεξη
Ausgewogen	Ισορροπημένη
Bitter	Πικρή
Diät	Διατροφή
Essbar	Βρώσιμα
Fermentation	Ζύμωση
Geschmack	Γεύση
Gesund	Υγιή
Gesundheit	Υγεία
Getreide	Δημητριακά
Gewicht	Ζυγίζω
Kalorien	Θερμιδεσ
Nährstoff	Θρεπτική
Portion	Τμήμα
Proteine	Πρωτεΐνεσ
Qualität	Ποιότητα
Sosse	Σάλτσα
Toxin	Τοξίνη
Verdauung	Πέψη
Vitamin	Βιταμίνη

Essen #1
Τρόφιμα #1

Basilikum	Βασιλικού
Birne	Αχλάδι
Erdbeere	Φράουλα
Erdnuss	Φιστίκι
Fleisch	Κρέασ
Kaffee	Καφέ
Karotte	Καρότο
Knoblauch	Σκόρδο
Milch	Γάλα
Rübe	Γογγύλι
Saft	Χυμόσ
Salat	Σαλάτα
Salz	Αλάτι
Spinat	Σπανάκι
Suppe	Σούπα
Thunfisch	Τόνοσ
Zimt	Κανέλα
Zitrone	Λεμόνι
Zucker	Ζάχαρη
Zwiebel	Κρεμμύδι

Essen #2
Τρόφιμα #2

Apfel	Μήλο
Artischocke	Αγκινάρα
Aubergine	Μελιτζάνα
Banane	Μπανάνα
Brokkoli	Μπρόκολο
Brot	Ψωμί
Ei	Αυγό
Fisch	Ψάρι
Joghurt	Γιαούρτι
Käse	Τυρί
Kirsche	Κεράσι
Mandel	Αμύγδαλο
Pilz	Μανιτάρι
Reis	Ρύζι
Schinken	Ζαμπόν
Schokolade	Σοκολάτα
Sellerie	Σέλινο
Spargel	Σπαράγγι
Tomate	Ντομάτα
Weizen	Σιτάρι

Ethik
Ηθική

Altruismus	Αλτρουισμός
Diplomatisch	Διπλωματικό
Ehrlichkeit	Ειλικρίνεια
Freundlichkeit	Καλοσύνη
Geduld	Υπομονή
Individualismus	Ατομικισμός
Integrität	Ακεραιότητα
Menschheit	Ανθρωπότητα
Mitgefühl	Συμπόνια
Optimismus	Αισιοδοξία
Philosophie	Φιλοσοφία
Rationalität	Λογικότητα
Realismus	Ρεαλισμοσ
Toleranz	Ανεκτικότητα
Vernünftig	Εύλογο
Weisheit	Σοφία
Werte	Αξιεσ
Würde	Αξιοπρέπεια
Zusammenarbeit	Συνεργασία

Fahren
Οδήγηση

Auto	Αυτοκίνητο
Bremsen	Φρένα
Brennstoff	Καύσιμο
Bus	Λεωφορείο
Garage	Γκαράζ
Gas	Αέριο
Gefahr	Κινδύνου
Geschwindigkeit	Ταχύτητα
Karte	Χάρτη
Lizenz	Άδεια
Lkw	Φορτηγό
Motor	Μοτέρ
Motorrad	Μοτοσυκλέτα
Polizei	Αστυνομία
Sicherheit	Ασφάλεια
Transport	Μεταφορά
Tunnel	Σήραγγα
Unfall	Ατύχημα
Verkehr	Κυκλοφορία
Vorsicht	Προσοχή

Fahrzeuge
Οχήματα

Auto	Αυτοκίνητο
Boot	Βάρκα
Bus	Λεωφορείο
Fahrrad	Ποδήλατο
Fähre	Πορθμείο
Floss	Σχεδία
Flugzeug	Αεροπλάνο
Hubschrauber	Ελικόπτερο
Krankenwagen	Ασθενοφόρο
Lkw	Φορτηγό
Motor	Μοτέρ
Rakete	Ρουκέτα
Reifen	Λάστιχα
Roller	Σκούτερ
Taxi	Ταξί
Traktor	Τρακτέρ
U-Bahn	Μετρό
U-Boot	Υποβρύχιο
Wohnwagen	Τροχόσπιτο
Zug	Τρένο

Familie
Οικογένεια

Bruder	Αδελφοσ
Ehefrau	Γυναίκα
Ehemann	Σύζυγοσ
Enkel	Εγγόνι
Grossmutter	Γιαγιά
Grossvater	Παππούσ
Kind	Παιδί
Mutter	Μητέρα
Mütterlich	Μητρική
Neffe	Ανιψιόσ
Nichte	Ανιψιά
Onkel	Θείοσ
Schwester	Αδελφή
Tante	Θεία
Tochter	Κόρη
Vater	Πατέρασ
Väterlich	Πατρική
Vetter	Ξαδέρφη
Vorfahr	Πρόγονοσ
Zwillinge	Δίδυμα

Farben
Χρώματα

Azurblau	Γαλάζιο
Beige	Μπεζ
Blau	Μπλε
Braun	Καφέ
Fuchsie	Φούξια
Gelb	Κίτρινο
Grau	Γκρι
Grün	Πράσινο
Indigo	Λουλακί
Lila	Μοβ
Orange	Πορτοκάλι
Rosa	Ροζ
Rot	Κόκκινο
Schwarz	Μαύρο
Sepia	Σέπια
Violett	Βιολετί
Weiss	Λευκό
Zyan	Κυανό

Flugzeuge
Αεροπλάνα

Abenteuer	Περιπέτεια
Abstieg	Καταγωγή
Atmosphäre	Ατμόσφαιρα
Aufblasen	Φουσκώνουν
Ballon	Μπαλόνι
Brennstoff	Καύσιμο
Crew	Πλήρωμα
Design	Σχέδιο
Geschichte	Ιστορία
Himmel	Ουρανόσ
Höhe	Υψοσ
Konstruktion	Κατασκευή
Luft	Αέρασ
Motor	Μηχανή
Passagier	Επιβάτη
Pilot	Πιλοτική
Propeller	Έλικα
Turbulenz	Αναταραχή
Wasserstoff	Υδρογόνο
Wetter	Καιρόσ

Formen
Σχήματα

Bogen	Τόξο
Dreieck	Τριγώνου
Ecke	Γωνία
Ellipse	Έλλειψη
Hyperbel	Υπερβολή
Kanten	Άκρη
Kegel	Κώνοσ
Kreis	Κύκλοσ
Kugel	Σφαίρα
Kurve	Καμπύλη
Linie	Γραμμή
Oval	Οβάλ
Polygon	Πολύγωνο
Prisma	Πρίσμα
Pyramide	Πυραμίδα
Quadrat	Πλατεία
Rechteck	Ορθογώνιο
Seite	Πλευρά
Würfel	Κύβοσ
Zylinder	Κύλινδροσ

Gartenarbeit
Κηπουρική

Art	Είδοσ
Blatt	Φύλλο
Blüte	Άνθοσ
Botanisch	Βοτανική
Container	Δοχείο
Essbar	Βρώσιμα
Exotisch	Εξωτικό
Feuchtigkeit	Υγρασία
Klima	Κλίμα
Kompost	Κοπρόχωμα
Laub	Φύλλωμα
Obstgarten	Περιβόλι
Saat	Σπόροι
Saisonal	Εποχιακή
Schlauch	Σωλήνα
Schmutz	Βρωμιά
Strauss	Μπουκέτο
Wasser	Νερό

Gebäude
Κτίρια

Bauernhof	Αγρόκτημα
Botschaft	Πρεσβεία
Fabrik	Εργοστάσιο
Garage	Γκαράζ
Haus	Σπίτι
Herberge	Ξενώνασ
Hotel	Ξενοδοχείο
Kabine	Καμπίνα
Krankenhaus	Νοσοκομείο
Labor	Εργαστήριο
Museum	Μουσείο
Observatorium	Παρατηρητήριο
Scheune	Αχυρώνα
Schule	Σχολείο
Stadion	Στάδιο
Supermarkt	Μάρκετ
Theater	Θέατρο
Turm	Πύργος
Universität	Πανεπιστήμιο
Zelt	Σκηνή

Gemüse
Λαχανικά

Artischocke	Αγκινάρα
Aubergine	Μελιτζάνα
Blumenkohl	Κουνουπίδι
Brokkoli	Μπρόκολο
Erbse	Μπιζέλι
Gurke	Αγγούρι
Ingwer	Τζίντζερ
Karotte	Καρότο
Kartoffel	Πατάτα
Knoblauch	Σκόρδο
Kürbis	Κολοκύθα
Olive	Ελιά
Petersilie	Μαϊντανόσ
Pilz	Μανιτάρι
Rübe	Γογγύλι
Salat	Σαλάτα
Sellerie	Σέλινο
Spinat	Σπανάκι
Tomate	Ντομάτα
Zwiebel	Κρεμμύδι

Geographie
Γεωγραφία

Atlas	Άτλαντα
Äquator	Ισημερινόσ
Berg	Βουνό
Fluss	Ποταμόσ
Gebiet	Έδαφοσ
Hemisphäre	Ημισφαίριο
Höhe	Υψόμετρο
Insel	Νησί
Karte	Χάρτη
Kontinent	Ήπειροσ
Land	Χώρα
Längengrad	Γεωγραφικό
Meer	Θάλασσα
Meridian	Μεσημβρινό
Norden	Βορρά
Ozean	Ωκεανόσ
Region	Περιοχή
Stadt	Πόλη
Welt	Κόσμο
West	Δύση

Geologie
Γεωλογία

Erdbeben	Σεισμόσ
Erosion	Διάβρωση
Fossil	Απολίθωμα
Geschmolzen	Λιωμένο
Höhle	Σπήλαιο
Kalzium	Ασβέστιο
Kontinent	Ήπειροσ
Koralle	Κοράλλι
Kristalle	Κρύσταλλα
Lava	Λάβα
Mineralien	Ορυκτά
Plateau	Οροπέδιο
Quarz	Χαλαζία
Salz	Αλάτι
Säure	Οξύ
Stalagmiten	Σταλαγμιτεσ
Stalaktit	Σταλακτίτησ
Stein	Πέτρα
Vulkan	Ηφαίστειο
Zone	Ζώνη

Geometrie
Γεωμετρία

Anteil	Ποσοστό
Berechnung	Υπολογισμόσ
Dimension	Διάσταση
Dreieck	Τριγώνου
Durchmesser	Διάμετροσ
Gleichung	Εξίσωση
Horizontal	Οριζόντια
Höhe	Υψοσ
Kreis	Κύκλοσ
Kurve	Καμπύλη
Logik	Λογική
Masse	Μάζα
Nummer	Αριθμόσ
Oberfläche	Επιφάνεια
Parallel	Παράλληλη
Quadrat	Πλατεία
Segment	Τμήμα
Symmetrie	Συμμετρία
Theorie	Θεωρία
Winkel	Γωνία

Geschäft
Επιχείρηση

Arbeitgeber	Εργοδότη
Büro	Γραφείο
Chef	Αφεντικό
Einkommen	Εισόδημα
Fabrik	Εργοστάσιο
Finanzieren	Χρηματοδοτώ
Geld	Χρήμα
Geschäft	Κατάστημα
Gewinn	Κέρδοσ
Investition	Επένδυση
Karriere	Καριέρα
Kosten	Κόστοσ
Manager	Μάνατζερ
Rabatt	Έκπτωση
Steuern	Φόροι
Transaktion	Συναλλαγή
Verkauf	Πώληση
Ware	Εμπορεύματα
Währung	Νόμισμα
Wirtschaft	Οικονομικά

Gesundheit und Wellness #1
Υγεία και Ευεξία #1

Aktiv	Ενεργή
Apotheke	Φαρμακείο
Arzt	Διδάκτωρ
Bakterien	Βακτήρια
Entspannung	Χαλάρωση
Ergänzungen	Συμπληρώματα
Fraktur	Κάταγμα
Gewohnheit	Συνήθεια
Haltung	Στάση
Haut	Δέρμα
Hormone	Ορμόνη
Höhe	Υψοσ
Hunger	Πείνα
Klinik	Κλινική
Knochen	Οστά
Medizin	Ιατρική
Nerven	Νεύρα
Therapie	Θεραπεία
Verletzung	Τραυματισμό
Virus	Ιόσ

Gesundheit und Wellness #2
Υγεία και Ευεξία #2

Allergie	Αλλεργία
Anatomie	Ανατομία
Appetit	Όρεξη
Blut	Αίμα
Diät	Διατροφή
Energie	Ενέργεια
Genetik	Γενετική
Gesund	Υγιή
Gewicht	Ζυγίζω
Hygiene	Υγιεινή
Infektion	Μόλυνση
Kalorie	Θερμίδα
Krankenhaus	Νοσοκομείο
Krankheit	Αρρώστια
Massage	Μασάζ
Risiken	Κίνδυνοι
Schlafen	Κοιμάμαι
Sport	Αθλητική
Stress	Πίεση
Vitamin	Βιταμίνη

Gewürze
Μπαχαρικά

Anis	Γλυκάνισο
Bitter	Πικρή
Curry	Κάρυ
Fenchel	Μάραθο
Geschmack	Γεύση
Ingwer	Τζίντζερ
Kardamom	Κάρδαμο
Knoblauch	Σκόρδο
Lakritze	Γλυκόριζα
Muskatnuss	Μοσχοκάρυδο
Nelke	Γαρύφαλλο
Paprika	Πάπρικα
Pfeffer	Πιπέρι
Safran	Κροκοσ
Salz	Αλάτι
Sauer	Ξινή
Süss	Γλυκό
Vanille	Βανίλια
Zimt	Κανέλα
Zwiebel	Κρεμμύδι

Haartypen
Τύποι Μαλλιών

Blond	Ξανθά
Braun	Καφέ
Dick	Παχύ
Dünn	Λεπτή
Geflochten	Πλεγμένο
Gesund	Υγιή
Glatt	Ομαλή
Glänzend	Λαμπερά
Grau	Γκρι
Kahl	Φαλακρόσ
Kurz	Κοντό
Lang	Μακρύ
Locken	Μπούκλεσ
Lockig	Σγουρά
Schwarz	Μαύρο
Silber	Ασημένιο
Trocken	Ξηρό
Weich	Μαλακό
Weiss	Λευκό
Zöpfe	Πλεξούδες

Haus
Σπίτι

Besen	Σκούπα
Bibliothek	Βιβλιοθήκη
Dach	Στέγη
Dachboden	Σοφίτα
Decke	Ταβάνι
Dusche	Ντουσ
Fenster	Παράθυρο
Garage	Γκαράζ
Garten	Κήποσ
Kamin	Τζάκι
Küche	Κουζίνα
Lampe	Λάμπα
Möbel	Έπιπλα
Schlafzimmer	Υπνοδωμάτιο
Schornstein	Καμινάδα
Spiegel	Καθρεφτησ
Tür	Πόρτα
Wand	Τοίχοσ
Zaun	Φρακτησ
Zimmer	Δωμάτιο

Ingenieurwesen
Μηχανική

Achse	Άξονας
Antrieb	Ώθηση
Berechnung	Υπολογισμόσ
Diagramm	Διάγραμμα
Diesel	Ντίζελ
Durchmesser	Διάμετροσ
Energie	Ενέργεια
Flüssigkeit	Υγρό
Getriebe	Γρανάζια
Konstruktion	Κατασκευή
Maschine	Μηχανή
Messung	Μέτρηση
Motor	Μοτέρ
Reibung	Τριβή
Stabilität	Σταθερότητα
Stärke	Δύναμη
Struktur	Δομή
Tiefe	Βάθος
Verteilung	Διανομή
Winkel	Γωνία

Jazz
Τζαζ

Album	Άλμπουμ
Alt	Παλιό
Applaus	Χειροκρότημα
Berühmt	Διάσημη
Favoriten	Αγαπημένα
Genre	Είδοσ
Komponist	Συνθέτη
Konzert	Συναυλία
Künstler	Καλλιτέχνησ
Lied	Τραγούδι
Musik	Μουσική
Neu	Νέα
Orchester	Ορχήστρα
Rhythmus	Ρυθμού
Schlagzeug	Τύμπανα
Solo	Σόλο
Stil	Στυλ
Talent	Ταλέντο
Technik	Τεχνική
Zusammensetzung	Σύνθεση

Kaffee
Καφές

Aroma	Άρωμα
Bitter	Πικρή
Creme	Κρέμα
Filter	Φίλτρο
Flüssigkeit	Υγρό
Geschmack	Γεύση
Getränk	Ποτό
Koffein	Καφεΐνη
Mahlen	Αλέθω
Milch	Γάλα
Morgen	Πρωί
Preis	Τιμή
Sauer	Όξινο
Schwarz	Μαύρο
Tasse	Κύπελλο
Ursprung	Προέλευση
Vielfalt	Ποικιλία
Wasser	Νερό
Zucker	Ζάχαρη

Kleidung
Ρούχα

Armband	Βραχιόλι
Bluse	Μπλούζα
Gürtel	Ζώνη
Halskette	Κολιέ
Handschuhe	Γάντια
Hemd	Πουκάμισο
Hose	Παντελόνι
Hut	Καπέλο
Jacke	Σακάκι
Jeans	Τζιν
Kleid	Φόρεμα
Mantel	Παλτό
Mode	Μόδα
Pullover	Πουλόβερ
Rock	Φούστα
Schal	Κασκόλ
Schlafanzug	Πιτζάμα
Schmuck	Κοσμήματα
Schuh	Παπούτσι
Schürze	Ποδιά

Krankheit
Ασθένεια

Abdominal	Κοιλιακή
Allergien	Αλλεργία
Ansteckend	Μεταδοτικό
Atemwege	Αναπνευστική
Chronisch	Χρόνιοσ
Entzündung	Φλεγμονή
Erblich	Κληρονομική
Genetisch	Γενετική
Gesundheit	Υγεία
Herz	Καρδιά
Immunität	Ασυλία
Knochen	Οστά
Körper	Σώμα
Neuropathie	Νευροπάθεια
Pulmonal	Πνευμονική
Syndrom	Σύνδρομο
Therapie	Θεραπεία
Wellness	Ευεξία

Kräuterkunde
Βοτανολογία

Aromatisch	Αρωματικό
Basilikum	Βασιλικού
Blume	Λουλούδι
Dill	Άνηθο
Estragon	Εστραγκόν
Fenchel	Μάραθο
Garten	Κήποσ
Geschmack	Γεύση
Grün	Πράσινο
Knoblauch	Σκόρδο
Kulinarisch	Μαγειρική
Lavendel	Λεβάντα
Majoran	Μαντζουράνα
Petersilie	Μαϊντανόσ
Qualität	Ποιότητα
Rosmarin	Δενδρολίβανο
Safran	Κροκοσ
Thymian	Θυμάρι
Vorteilhaft	Ευεργετική
Zutat	Συστατικό

Kreativität
Δημιουργικότητα

Ausdruck	Έκφραση
Authentizität	Αυθεντικότητα
Bild	Εικόνα
Dramatisch	Δραματική
Eindruck	Εντύπωση
Erfinderisch	Εφευρετική
Fähigkeit	Επιδεξιότητα
Flüssigkeit	Ρευστότητα
Gefühle	Συναισθήματα
Ideen	Ιδέα
Inspiration	Έμπνευση
Intensität	Ένταση
Intuition	Διαίσθηση
Klarheit	Σαφήνεια
Künstlerisch	Καλλιτεχνική
Phantasie	Φαντασία
Sensation	Αίσθηση
Spontan	Αυθόρμητη
Visionen	Οράματα
Vitalität	Ζωτικότητα

Küche
Κουζίνα

Essen	Τροφή
Essstäbchen	Ξυλάκια
Gabeln	Πιρούνια
Gewürze	Μπαχαρικό
Grill	Σχάρα
Kelle	Κουτάλα
Krug	Κανάτα
Kühlschrank	Ψυγείο
Löffel	Κουτάλια
Messer	Μαχαίρια
Ofen	Φούρνοσ
Rezept	Συνταγή
Schürze	Ποδιά
Schüssel	Μπολ
Schwamm	Σφουγγάρι
Serviette	Χαρτοπετσέτα
Tassen	Κύπελλα
Wasserkocher	Βραστήρασ

Landschaften
Τοπία

Berg	Βουνό
Eisberg	Παγόβουνο
Fluss	Ποταμόσ
Gletscher	Παγετώνασ
Golf	Κόλποσ
Halbinsel	Χερσόνησο
Höhle	Σπήλαιο
Hügel	Λόφο
Insel	Νησί
Lagune	Λιμνοθάλασσα
Meer	Θάλασσα
Oase	Όαση
See	Λίμνη
Strand	Παραλία
Sumpf	Βάλτοσ
Tal	Κοιλάδα
Tundra	Τούνδρα
Vulkan	Ηφαίστειο
Wasserfall	Καταρράκτη
Wüste	Ερήμου

Länder #1
Χώρες #1

Ägypten	Αίγυπτοσ
Brasilien	Βραζιλία
Deutschland	Γερμανία
Finnland	Φινλανδία
Indien	Ινδία
Irak	Ιράκ
Israel	Ισραήλ
Italien	Ιταλία
Kambodscha	Καμπότζη
Kanada	Καναδά
Lettland	Λετονία
Mali	Μάλι
Nicaragua	Νικαράγουα
Norwegen	Νορβηγία
Polen	Πολωνία
Rumänien	Ρουμανία
Senegal	Σενεγάλη
Spanien	Ισπανία
Venezuela	Βενεζουέλα
Vietnam	Βιετνάμ

Länder #2
Χώρες #2

Albanien	Αλβανία
Äthiopien	Αιθιοπία
Frankreich	Γαλλία
Griechenland	Ελλάδα
Haiti	Αϊτή
Irland	Ιρλανδία
Jamaika	Τζαμάικα
Japan	Ιαπωνία
Kenia	Κένυα
Laos	Λάοσ
Liberia	Λιβερία
Mexiko	Μεξικό
Nepal	Νεπάλ
Nigeria	Νιγηρία
Pakistan	Πακιστάν
Russland	Ρωσία
Sudan	Σουδάν
Syrien	Συρία
Uganda	Ουγκάντα
Ukraine	Ουκρανία

Literatur
Λογοτεχνία

Analogie	Αναλογία
Analyse	Ανάλυση
Anekdote	Ανέκδοτο
Autor	Συγγραφέασ
Beschreibung	Περιγραφή
Biographie	Βιογραφία
Dialog	Διάλογοσ
Erzähler	Αφηγητήσ
Fiktion	Φαντασία
Gedicht	Ποίημα
Genre	Είδοσ
Metapher	Μεταφορά
Poetisch	Ποιητική
Rhythmus	Ρυθμού
Roman	Μυθιστόρημα
Schlussfolgerung	Συμπέρασμα
Stil	Στυλ
Thema	Θέμα
Tragödie	Τραγωδία
Vergleich	Σύγκριση

Mathematik
Μαθηματικά

Arithmetik	Αριθμητική
Bruchteil	Κλάσμα
Dezimal	Δεκαδικό
Dreieck	Τριγώνου
Durchmesser	Διάμετροσ
Exponent	Εκθέτη
Geometrie	Γεωμετρία
Gleichung	Εξίσωση
Kugel	Σφαίρα
Parallel	Παράλληλη
Polygon	Πολύγωνο
Quadrat	Πλατεία
Radius	Ακτίνα
Rechteck	Ορθογώνιο
Senkrecht	Κάθετοσ
Summe	Άθροισμα
Symmetrie	Συμμετρία
Umfang	Περιφέρεια
Volumen	Ένταση
Winkel	Γωνία

Meditation
Διαλογισμός

Annahme	Αποδοχή
Atmung	Αναπνοή
Aufmerksamkeit	Προσοχή
Bewegung	Κίνηση
Dankbarkeit	Ευγνωμοσύνη
Einblick	Διορατικότητα
Freundlichkeit	Καλοσύνη
Frieden	Ειρήνη
Gedanken	Σκέψη
Geistig	Ψυχική
Glück	Ευτυχία
Klarheit	Σαφήνεια
Mitgefühl	Συμπόνια
Musik	Μουσική
Natur	Φύση
Perspektive	Προοπτική
Ruhig	Ηρεμία
Stille	Σιωπή
Verstand	Μυαλό
Wach	Ξύπνησε

Menschlicher Körper
Ανθρώπινο Σώμα

Bein	Πόδι
Blut	Αίμα
Ellbogen	Αγκώνα
Finger	Δάχτυλο
Gehirn	Μυαλό
Gesicht	Πρόσωπο
Hals	Λαιμός
Hand	Χέρι
Haut	Δέρμα
Herz	Καρδιά
Kiefer	Σαγόνι
Kinn	Πηγούνι
Knie	Γόνατο
Knöchel	Αστράγαλοσ
Kopf	Κεφάλι
Mund	Στόμα
Nase	Μύτη
Ohr	Αυτί
Schulter	Ώμοσ
Zunge	Γλώσσα

Messungen
Μετρήσεις

Breite	Πλάτοσ
Byte	Ψηφιολεξη
Dezimal	Δεκαδικό
Gewicht	Ζυγίζω
Grad	Βαθμόσ
Gramm	Γραμμάριο
Höhe	Υψοσ
Kilogramm	Χιλιόγραμμο
Kilometer	Χιλιόμετρο
Länge	Μήκοσ
Liter	Λίτρο
Masse	Μάζα
Meter	Μέτρο
Minute	Λεπτό
Tiefe	Βάθοσ
Tonne	Τόνοσ
Unze	Ουγγιά
Volumen	Ένταση
Zentimeter	Εκατοστό
Zoll	Ίντσα

Mode
Μόδα

Bescheiden	Μέτριο
Boutique	Μπουτίκ
Einfach	Απλός
Elegant	Κομψό
Erschwinglich	Προσιτή
Komfortabel	Άνετο
Minimalistisch	Μινιμαλιστικό
Modern	Μοντέρνο
Muster	Μοτίβο
Original	Αρχική
Praktisch	Πρακτική
Spitze	Δαντέλα
Stickerei	Κέντημα
Stil	Στυλ
Stoff	Ύφασμα
Tasten	Κουμπιά
Teuer	Ακριβά
Textur	Υφή
Trend	Τάση

Musik
Μουσική

Album	Άλμπουμ
Ballade	Μπαλάντα
Chor	Χορωδία
Harmonie	Αρμονία
Harmonisch	Αρμονική
Improvisieren	Αυτοσχεδιάσει
Instrument	Όργανο
Klassisch	Κλασική
Lyrisch	Λυρική
Melodie	Μελωδία
Mikrofon	Μικρόφωνο
Musical	Μουσική
Musiker	Μουσικός
Oper	Όπερα
Poetisch	Ποιητική
Rhythmisch	Ρυθμική
Rhythmus	Ρυθμού
Sänger	Τραγουδιστής
Singen	Τραγουδώ
Tempo	Τέμπο

Musikinstrumente
Μουσικά Όργανα

Banjo	Μπάντζο
Cello	Βιολοντσέλο
Fagott	Φαγκότο
Flöte	Φλάουτο
Geige	Βιολί
Gitarre	Κιθάρα
Gong	Γκονγκ
Harfe	Άρπα
Klarinette	Κλαρινέτο
Klavier	Πιάνο
Mandoline	Μαντολίνο
Marimba	Μαρίμπα
Mundharmonika	Φυσαρμόνικα
Oboe	Όμποε
Posaune	Τρομπόνι
Saxophon	Σαξόφωνο
Schlagzeug	Κρούση
Tamburin	Ντέφι
Trommel	Τύμπανο
Trompete	Τρομπέτα

Mythologie
Μυθολογία

Archetyp	Αρχέτυπο
Blitz	Αστραπή
Donner	Βροντή
Eifersucht	Ζήλια
Held	Ήρωας
Heldin	Ηρωίδα
Katastrophe	Καταστροφή
Kreation	Δημιουργία
Kreatur	Πλάσμα
Krieger	Πολεμιστήσ
Kultur	Πολιτισμόσ
Labyrinth	Λαβύρινθοσ
Legende	Θρύλοσ
Magisch	Μαγικό
Monster	Τέρασ
Rache	Εκδίκηση
Stärke	Δύναμη
Sterblich	Θνητόσ
Unsterblichkeit	Αθανασία
Verhalten	Συμπεριφορά

Natur
Φύση

Arktis	Αρκτική
Berge	Βουνά
Bienen	Μέλισσεσ
Dynamisch	Δυναμική
Erosion	Διάβρωση
Fluss	Ποταμόσ
Friedlich	Ειρηνική
Gletscher	Παγετώνασ
Heiligtum	Ιερό
Heiter	Γαλήνιο
Laub	Φύλλωμα
Lebenswichtig	Ζωτική
Nebel	Ομίχλη
Schönheit	Ομορφιά
Schutz	Καταφύγιο
Tiere	Ζώα
Tropisch	Τροπική
Wald	Δασοσ
Wild	Άγριο
Wüste	Ερήμου

Obst
Φρούτα

Ananas	Ανανά
Apfel	Μήλο
Aprikose	Βερίκοκο
Avocado	Αβοκάντο
Banane	Μπανάνα
Beere	Μούρο
Birne	Αχλάδι
Grapefruit	Γκρέιπφρουτ
Himbeere	Βατόμουρο
Kirsche	Κεράσι
Kiwi	Ακτινίδιο
Kokosnuss	Καρύδα
Melone	Πεπόνι
Nektarine	Νεκταρίνι
Orange	Πορτοκάλι
Papaya	Παπάγια
Pfirsich	Ροδάκινο
Pflaume	Δαμάσκηνο
Traube	Σταφύλι
Zitrone	Λεμόνι

Ozean
Ωκεανός

Aal	Χέλι
Auster	Στρείδι
Boot	Βάρκα
Delfin	Δελφίνι
Fisch	Ψάρι
Garnele	Γαρίδα
Gezeiten	Παλίρροια
Hai	Καρχαρίασ
Koralle	Κοράλλι
Krabbe	Καβούρι
Krake	Χταπόδι
Qualle	Μέδουσεσ
Riff	Ξέρα
Salz	Αλάτι
Schildkröte	Χελώνα
Schwamm	Σφουγγάρι
Sturm	Καταιγίδα
Thunfisch	Τόνοσ
Wal	Φάλαινα
Wellen	Κύματα

Ökologie
Οικολογία

Art	Είδοσ
Berge	Βουνά
Dürre	Ξηρασία
Fauna	Πανίδα
Flora	Χλωρίδα
Freiwillige	Εθελοντέσ
Gemeinschaft	Κοινότητα
Global	Παγκόσμια
Klima	Κλίμα
Marine	Θαλάσσιο
Nachhaltig	Βιώσιμη
Natur	Φύση
Natürlich	Φυσική
Pflanzen	Φυτά
Ressourcen	Πόρων
Überleben	Επιβίωση
Vegetation	Βλάστηση
Vielfalt	Ποικιλία

Pflanzen
Φυτά

Bambus	Μπαμπού
Baum	Δέντρο
Beere	Μούρο
Blatt	Φύλλο
Blume	Λουλούδι
Blütenblatt	Πέταλο
Bohne	Φασόλι
Botanik	Βοτανική
Dünger	Λίπασμα
Efeu	Κισσός
Flora	Χλωρίδα
Garten	Κήποσ
Gras	Γρασίδι
Kaktus	Κάκτοσ
Kraut	Βότανο
Laub	Φύλλωμα
Moos	Βρύα
Vegetation	Βλάστηση
Wald	Δασοσ
Wurzel	Ρίζα

Philanthropie
Φιλανθρωπία

Ehrlichkeit	Ειλικρίνεια
Finanzieren	Χρηματοδοτώ
Gemeinschaft	Κοινότητα
Geschichte	Ιστορία
Global	Παγκόσμια
Grosszügigkeit	Γενναιοδωρία
Gruppen	Ομαδεσ
Jugend	Νεολαία
Kinder	Παιδί
Kontakte	Επαφή
Menschen	Άνθρωποι
Menschheit	Ανθρωπότητα
Mission	Αποστολή
Mittel	Χρήματα
Nächstenliebe	Φιλανθρωπία
Öffentlich	Δημόσιοσ
Programme	Προγράμματα
Ziele	Στόχοι

Physik
Φυσική

Atom	Άτομο
Beschleunigung	Επιτάχυνση
Chaos	Χάοσ
Chemisch	Χημική
Dichte	Πυκνότητα
Elektron	Ηλεκτρόνιο
Experiment	Πείραμα
Formel	Τύποσ
Frequenz	Συχνότητα
Gas	Αέριο
Geschwindigkeit	Ταχύτητα
Magnetismus	Μαγνητισμόσ
Masse	Μάζα
Mechanik	Μηχανική
Molekül	Μόριο
Motor	Μηχανή
Nuklear	Πυρηνική
Partikel	Σωματίδιο
Relativität	Σχετικότητα
Universal	Καθολική

Regierung
Κυβέρνηση

Bezirk	Περιοχή
Demokratie	Δημοκρατία
Denkmal	Μνημείο
Diskussion	Συζήτηση
Dissens	Διαφωνία
Freiheit	Ελευθερία
Friedlich	Ειρηνική
Gerechtigkeit	Δικαιοσύνη
Gesetz	Δίκαιο
Gleichheit	Ισότητα
Justiziell	Δικαστική
Nation	Έθνοσ
Politik	Πολιτική
Rechte	Δικαιώματα
Rede	Ομιλία
Staat	Κατάσταση
Symbol	Σύμβολο
Unabhängigkeit	Ανεξαρτησία
Verfassung	Σύνταγμα
Zivil	Δημόσια

Restaurant #2
Εστιατόριο #2

Abendessen	Δείπνο
Eis	Πάγοσ
Fisch	Ψάρι
Frucht	Φρούτο
Gabel	Πιρούνι
Gemüse	Λαχανικά
Getränk	Ποτό
Gewürze	Μπαχαρικό
Kellner	Σερβιτόροσ
Köstlich	Νόστιμο
Kuchen	Κέικ
Löffel	Κουτάλι
Mittagessen	Γεύμα
Nudeln	Λαζάνια
Salat	Σαλάτα
Salz	Αλάτι
Stuhl	Καρέκλα
Suppe	Σούπα
Vorspeise	Ορεκτικό
Wasser	Νερό

Säugetiere
Θηλαστικά

Affe	Μαϊμού
Bär	Αρκούδα
Biber	Κάστορασ
Elefant	Ελέφαντασ
Fuchs	Αλεπού
Giraffe	Καμηλοπάρδαλη
Gorilla	Γορίλασ
Hund	Σκύλοσ
Känguru	Καγκουρό
Kojote	Κογιότ
Löwe	Λιοντάρι
Panther	Πάνθηρασ
Pferd	Άλογο
Ratte	Αρουραίοσ
Schaf	Πρόβατο
Stier	Ταύροσ
Tiger	Τίγρη
Wal	Φάλαινα
Wolf	Λύκοσ
Zebra	Ζέβρα

Schokolade
Σοκολάτα

Aroma	Άρωμα
Bitter	Πικρή
Erdnüsse	Φιστίκια
Exotisch	Εξωτικό
Favorit	Αγαπημένοσ
Geschmack	Γεύση
Handwerklich	Βιοτεχνική
Kakao	Κακάο
Kalorien	Θερμίδεσ
Karamell	Καραμέλα
Kokosnuss	Καρύδα
Köstlich	Νόστιμο
Pulver	Σκόνη
Qualität	Ποιότητα
Rezept	Συνταγή
Süss	Γλυκό
Zucker	Ζάχαρη
Zutat	Συστατικό

Schönheit
Ομορφιά

Anmut	Χάρη
Charme	Γοητεία
Dienstleistungen	Υπηρεσία
Duft	Άρωμα
Elegant	Κομψό
Eleganz	Κομψότητα
Farbe	Χρώμα
Fotogen	Φωτογενησ
Glatt	Ομαλή
Haut	Δέρμα
Kosmetik	Καλλυντικά
Lippenstift	Κραγιόν
Locken	Μπούκλεσ
Öle	Έλαια
Produkte	Προϊόν
Schere	Ψαλίδι
Shampoo	Σαμπουάν
Spiegel	Καθρεφτησ
Stylist	Στυλίστασ
Wimperntusche	Μάσκαρα

Science Fiction
Επιστημονική Φαντασία

Bücher	Βιβλια
Chemikalien	Χημική
Dystopie	Δυστοπία
Explosion	Έκρηξη
Extrem	Άκρο
Fern	Μακρινό
Feuer	Φωτιά
Futuristisch	Φουτουριστικό
Galaxie	Γαλαξίασ
Geheimnisvoll	Μυστηριώδησ
Illusion	Ψευδαίσθηση
Imaginär	Φανταστικό
Orakel	Μαντείο
Planet	Πλανήτησ
Realistisch	Ρεαλιστική
Roboter	Ρομπότ
Szenario	Σενάριο
Technologie	Τεχνολογία
Utopie	Ουτοπία
Welt	Κόσμο

Sport
Αθλητισμός

Athlet	Αθλητήσ
Baseball	Μπέιζμπολ
Basketball	Μπάσκετ
Bewegung	Κίνηση
Eishockey	Χόκεϊ
Fahrrad	Ποδήλατο
Gewinner	Νικητήσ
Golf	Γκολφ
Gymnasium	Γυμνάσιο
Gymnastik	Γυμναστική
Mannschaft	Ομάδα
Meisterschaft	Πρωτάθλημα
Schiedsrichter	Διαιτητήσ
Spiel	Παιχνίδι
Spieler	Παίκτη
Stadion	Στάδιο
Tennis	Τένισ
Trainer	Προπονητήσ

Stadt
Πόλη

Apotheke	Φαρμακείο
Bank	Τράπεζα
Bäckerei	Αρτοποιείο
Bibliothek	Βιβλιοθήκη
Blumenhändler	Ανθοπωλείο
Buchhandlung	Βιβλιοπωλείο
Flughafen	Αεροδρόμιο
Galerie	Συλλογή
Hotel	Ξενοδοχείο
Klinik	Κλινική
Markt	Αγορά
Museum	Μουσείο
Restaurant	Εστιατόριο
Salon	Σαλόνι
Schule	Σχολείο
Stadion	Στάδιο
Supermarkt	Μάρκετ
Theater	Θέατρο
Universität	Πανεπιστήμιο
Zoo	Ζωολογικό

Tage und Monate
Ημέρες και Μήνες

August	Αυγούστου
Dezember	Δεκεμβρίου
Dienstag	Τρίτη
Donnerstag	Πέμπτη
Februar	Φεβρουαρίου
Freitag	Παρασκευή
Jahr	Ετοσ
Januar	Ιανουαρίου
Juli	Ιουλίου
Juni	Ιουνίου
Kalender	Ημερολόγιο
Mittwoch	Τετάρτη
Monat	Μήνασ
Montag	Δευτέρα
November	Νοεμβρίου
Oktober	Οκτωβρίου
Samstag	Σάββατο
September	Σεπτεμβρίου
Sonntag	Κυριακή
Woche	Εβδομάδα

Tanzen
Χορός

Akademie	Ακαδημία
Anmut	Χάρη
Ausdrucksvoll	Εκφραστική
Bewegung	Κίνηση
Choreographie	Χορογραφία
Emotion	Συγκίνηση
Freudig	Χαρούμενο
Haltung	Στάση
Klassisch	Κλασική
Körper	Σώμα
Kultur	Πολιτισμόσ
Kulturell	Πολιτιστική
Kunst	Τέχνη
Musik	Μουσική
Partner	Παρτενέρ
Probe	Πρόβα
Rhythmus	Ρυθμού
Traditionell	Παραδοσιακή
Visuell	Οπτική

Universum
Σύμπαν

Asteroid	Αστεροειδήσ
Astronom	Αστρονόμοσ
Astronomie	Αστρονομία
Atmosphäre	Ατμόσφαιρα
Äquator	Ισημερινόσ
Dunkelheit	Σκοτάδι
Galaxie	Γαλαξίασ
Hemisphäre	Ημισφαίριο
Himmel	Ουρανόσ
Himmlisch	Ουράνιο
Horizont	Ορίζοντα
Kosmisch	Κοσμική
Längengrad	Γεωγραφικό
Mond	Φεγγάρι
Orbit	Τροχιά
Sichtbar	Ορατή
Solar	Ηλιακή
Sonnenwende	Ηλιοστάσιο
Teleskop	Τηλεσκόπιο
Tierkreis	Ζώδιο

Urlaub #2
Διακοπές #2

Ausländisch	Ξένο
Berge	Βουνά
Camping	Κάμπινγκ
Flughafen	Αεροδρόμιο
Freizeit	Αναψυχή
Hotel	Ξενοδοχείο
Insel	Νησί
Karte	Χάρτη
Meer	Θάλασσα
Pass	Διαβατήριο
Reise	Ταξίδι
Restaurant	Εστιατόριο
Strand	Παραλία
Taxi	Ταξί
Transport	Μεταφορά
Visum	Βίζα
Zelt	Σκηνή
Ziel	Προορισμόσ
Zug	Τρένο

Vögel
Πουλιά

Adler	Αετόσ
Ei	Αυγό
Ente	Πάπια
Eule	Κουκουβάγια
Flamingo	Φλαμίνγκο
Gans	Χήνα
Huhn	Κοτόπουλο
Kuckuck	Κούκοσ
Möwe	Γλάροσ
Papagei	Παπαγάλοσ
Pelikan	Πελεκαν
Pfau	Παγώνι
Pinguin	Πιγκουίνοσ
Rabe	Κοράκι
Reiher	Ερωδιοσ
Schwan	Κύκνοσ
Spatz	Σπουργίτι
Storch	Πελαργόσ
Taube	Περιστέρι
Toucan	Τουκάν

Wandern
Πεζοπορία

Berg	Βουνό
Camping	Κάμπινγκ
Führer	Οδηγοί
Gipfel	Κορυφή
Karte	Χάρτη
Klima	Κλίμα
Klippe	Βράχο
Müde	Κουρασμένοσ
Natur	Φύση
Parks	Πάρκα
Schwer	Βαριά
Sonne	Ήλιοσ
Steine	Πέτρα
Stiefel	Μπότεσ
Tiere	Ζώα
Vorbereitung	Παρασκευή
Wasser	Νερό
Wetter	Καιρόσ
Wild	Άγριο

Wasser
Νερό

Bewässerung	Άρδευση
Dampf	Ατμού
Dusche	Ντουσ
Eis	Πάγοσ
Feucht	Υγρό
Feuchtigkeit	Υγρασία
Fluss	Ποταμόσ
Flut	Πλημμύρα
Frost	Παγωνιά
Hurrikan	Χιουρικανασ
Kanal	Κανάλι
Monsun	Μουσώνασ
Ozean	Ωκεανόσ
Regen	Βροχή
Schnee	Χιόνι
See	Λίμνη
Trinkbar	Πόσιμο
Verdunstung	Εξάτμιση
Wellen	Κύματα

Wetter
Καιρός

Atmosphäre	Ατμόσφαιρα
Blitz	Αστραπή
Brise	Αεράκι
Donner	Βροντή
Dürre	Ξηρασία
Eis	Πάγοσ
Himmel	Ουρανόσ
Hurrikan	Χιουρικανασ
Klima	Κλίμα
Monsun	Μουσώνασ
Nebel	Ομίχλη
Polar	Πολική
Regenbogen	Ουράνιο Τόξο
Ruhig	Ηρεμία
Sturm	Καταιγίδα
Temperatur	Θερμοκρασία
Trocken	Ξηρό
Tropisch	Τροπική
Wind	Άνεμοσ
Wolke	Σύννεφο

Wissenschaft
Επιστήμη

Atom	Άτομο
Chemisch	Χημική
Daten	Δεδομένα
Evolution	Εξέλιξη
Experiment	Πείραμα
Fossil	Απολίθωμα
Hypothese	Υπόθεση
Klima	Κλίμα
Labor	Εργαστήριο
Methode	Μέθοδοσ
Mineralien	Ορυκτά
Moleküle	Μόρια
Natur	Φύση
Organismus	Οργανισμόσ
Partikel	Σωματίδια
Pflanzen	Φυτά
Physik	Φυσική
Schwerkraft	Βαρύτητα
Tatsache	Γεγονόσ
Wissenschaftler	Επιστήμονασ

Wissenschaftliche Disziplinen
Επιστημονικοί Κλάδοι

Anatomie	Ανατομία
Archäologie	Αρχαιολογία
Astronomie	Αστρονομία
Biochemie	Βιοχημεία
Biologie	Βιολογία
Botanik	Βοτανική
Chemie	Χημεία
Geologie	Γεωλογία
Immunologie	Ανοσολογία
Kinesiologie	Κινησιολογία
Linguistik	Γλωσσολογία
Mechanik	Μηχανική
Mineralogie	Ορυκτολογία
Neurologie	Νευρολογία
Ökologie	Οικολογία
Physiologie	Φυσιολογία
Psychologie	Ψυχολογία
Soziologie	Κοινωνιολογία
Thermodynamik	Θερμοδυναμική
Zoologie	Ζωολογία

Zahlen
Αριθμοί

Acht	Οκτώ
Achtzehn	Δεκαοκτώ
Dezimal	Δεκαδικό
Drei	Τρία
Dreizehn	Δεκατρία
Fünf	Πέντε
Fünfzehn	Δεκαπέντε
Neun	Εννέα
Neunzehn	Δεκαεννέα
Null	Μηδέν
Sechs	Έξι
Sechzehn	Δεκαέξι
Sieben	Επτά
Siebzehn	Δεκαεπτά
Vier	Τέσσερα
Vierzehn	Δεκατέσσερα
Zehn	Δέκα
Zwanzig	Είκοσι
Zwei	Δύο
Zwölf	Δώδεκα

Zeit
Χρόνος

Gestern	Χθεσ
Heute	Σήμερα
Jahr	Ετοσ
Jahrhundert	Αιώνασ
Jahrzehnt	Δεκαετία
Jährlich	Ετήσια
Jetzt	Τώρα
Kalender	Ημερολόγιο
Minute	Λεπτό
Mittag	Μεσημέρι
Monat	Μήνασ
Morgen	Πρωί
Nach	Μετά
Nacht	Νύχτα
Stunde	Ώρα
Tag	Μέρα
Uhr	Ρολόι
Vor	Πριν
Woche	Εβδομάδα
Zukunft	Μέλλον

Gratuliere

Sie haben es geschafft !!

Wir hoffen, dass euch dieses Buch genauso viel Spaß gemacht hat wie uns dessen Herstellung. Wir tun unser Bestes, um qualitativ hochwertige Spiele zu erfinden. Diese Rätsel sind auf eine clevere Art und Weise entworfen, damit sie aktiv lernen und daran Vergnügen finden.

Hat ihnen das Buch gefallen ?

Eine einfache Bitte

Unsere Bücher existieren dank der Rezensionen, die sie veröffentlichen. Können sie uns helfen indem sie jetzt eine Meinung hinterlassen ?

Hier ist ein kurzer Link, der Sie zu ihrer Bewertungsseite führt

BestBooksActivity.com/Rezension50

MONSTER HERAUSFÖRDERUNGEN !

Herausförderung 1

Bereit für ihr Bonusspiel? Wir verwenden sie ständig, aber sie sind nicht einfach zu finden. Es sind die Synonyme !

Notieren sie 5 Wörter, die sie in den untenstehenden Rätseln (Nummer 21, 36 und 76) entdeckt haben und versuchen sie für jedes Wort 2 Synonyme zu finden .

Notieren sie 5 Wörter aus **Rätsel 21**

Wörter	Synonym 1	Synonym 2

Notieren sie 5 Wörter aus **Rätsel 36**

Wörter	Synonym 1	Synonym 2

Notieren sie 5 Wörter aus **Rätsel 76**

Wörter	Synonym 1	Synonym 2

Herausförderung 2

Jetzt, wo sie warm sind, notieren sie 5 Wörter, die sie in jedem der untenaufgeführten Rätseln entdeckt haben (Nummer 9, 17 und 25) und versuchen sie für jedes Wort 2 Antonyme zu finden. Wie viele davon können sie binnen 20 Minuten finden ?

Notieren sie 5 Wörter aus **Rätsel 9**

Wörter	Antonym 1	Antonym 2

Notieren sie 5 Wörter aus **Rätsel 17**

Wörter	Antonym 1	Antonym 2

Notieren sie 5 Wörter aus **Rätsel 25**

Wörter	Antonym 1	Antonym 2

Herausförderung 3

Wunderbar, diese Monster Herausförderung  wird kein Problem für sie sein !

Bereit für die letzte Herausförderung? Wählen sie ihre 10 Lieblingswörter aus, die sie in einem Rätsel entdeckt haben und notieren sie sie unten.

1.	6.
2.	7.
3.	8.
4.	9.
5.	10.

Die Aufgabe besteht nun darin mit diesen Wörtern und in maximal sechs Sätzen einen Text herzustellen über eine Person, ein Tier oder ein Ort den sie lieben !

Tipp : sie können die letzten leeren Seiten dieses Buches als Entwurf verwenden

Ihr Schreiben :

NOTIZBUCH :

AUF BALDIGES WIEDERSEHEN !

Linguas Classics

KOSTENLOSE SPIELE GENIESSEN

GO

↓

BESTACTIVITYBOOKS.COM/FREEGAMES

www.ingramcontent.com/pod-product-compliance
Lightning Source LLC
Chambersburg PA
CBHW081709120626
46550CB00010B/3061